Dirk Bernemann

Trisomie
so ich Dir

Roman

Überwiegend geschrieben in Wien, Coesfeld und Berlin

WILHELM HEYNE VERLAG
MÜNCHEN

Die Originalausgabe erschien im Unsichtbar Verlag

Unter www.heyne-hardcore.de finden Sie das komplette Hardcore-Programm, den monatlichen Newsletter sowie unser halbjährlich erscheinendes CORE-Magazin mit Themen rund um das Hardcore-Universum.

Verlagsgruppe Random House FSC-DEU-0100
Das für dieses Buch verwendete FSC®-zertifizierte Papier
Holmen Book Cream liefert Holmen Paper, Hallstavik, Schweden.

Vollständige deutsche Taschenbuchausgabe 04/2013
Copyright © 2011 by Dirk Bernemann
Copyright © 2013 dieser Ausgabe
by Wilhelm Heyne Verlag, München,
in der Verlagsgruppe Random House GmbH
Printed in Germany 2013
Umschlaggestaltung: s.freischem, yellowfarm gmbh
Umschlagmotiv: © plainpicture/Arcangel
Druck und Bindung: GGP Media GmbH, Pößneck
ISBN: 978-3-453-67637-4

www.heyne-hardcore.de

Vorfilm

Was bisher geschah: nichts. Gar nichts. Und es gibt Leute, die finden es nicht mal bedrohlich, wenn nichts passiert, die machen einfach weiter mit den Verrichtungen des Alltags, ignorieren ihren Herzschlag, halten das Leben für einen Prozess der Selbstverständlichkeit und lassen alles laufen. Wir sind eine Gesellschaft der Laufenlasser geworden, inkonsequent, inkontinent und vielseitig desinteressiert. Manche glauben an höhere Mächte, überantworten ihre Leben einer spirituellen oder politischen Richtung. Manche hängen ihren unausgeprägten freien Willen an fremde Garderoben und vergessen das dann da. Da hängen dann die freien Willen und niemand holt sie ab und sie fühlen sich verlorener als alle verloren gegangenen Gegenstände in allen Fundbüros dieser Welt. Manche hoffen einfach, dass irgendwas passiert, und in dieser Hoffnung, die mit Milliarden Möglich keiten angefüllt ist, geraten viele in einen stupiden Stillstand und immer noch passiert: nichts.

Also nur irgendwie nichts, denn irgendwie passiert ja immer und jedem was, aber irgendwo muss man ja mal anfangen, eine Geschichte zu erzählen, also geschah

5

zunächst einmal nichts und dann ganz viel. Die Bedeutung des ganzen Geschehnishaufens für den Einzelnen, ist immer individuell zu betrachten. Vieles geht an Vielen vorbei, weil es nur in der Splittersekunde Wahrnehmung eines Einzelnen stattfindet. Dadurch geht Vielen verloren, was für Wenige wichtig zu sein scheint.

Werfen wir einen Blick in diese Stadt. Die liegt da rum, diese Stadt, hat die Natur platt gemacht, um sich als Stadt zu behaupten, was aber Jahre her ist, und jetzt kennen die Leute nur noch: die Stadt. Da liegt sie also und sieht aus wie alle anderen Städte, fühlt sich auch genauso an. Copy and paste waste. Kopiere Scheißstile und dupliziere sie. Diese Stadt beinhaltet viele leere Körper mit ansonsten schweren Herzen, die alle Geschichten mit sich rumschleppen, die zu schleppen sie ermüden. Und sie taumeln durch unsere Städte und Leben und sitzen in den Cafés und tanzen in den Clubs und denken sich, dass es zu spät ist, jetzt noch eine Richtungsänderung vorzunehmen, denn die leeren Körper mit den schweren Herzen sind so schwer manövrierbar. Wie lächerliche Untote aus drittklassigen Zombiefilmen, so sieht man sie ihr Leben gestalten, immer wieder mit dem festen Willen, dass man den Tod in den Visagen nicht erkennen soll. Und so wird überkosmetikt, was die Realität schreien will, da werden Schreiende einfach erstickt oder als Kunst oder Irrsinn hingestellt, obwohl sie, die Schreienden, es so ernst meinen, dass es weh tut. Ihnen und anderen. Und es tut nur weh, weil es wirklich wahr ist …

Und es gibt immer noch die, die sich an irgendeinen Gott wenden, weil der ja eventuell die Lösung hat, oder aber nach

dem biologischen Ableben irgendeine Art Paradies kreden-
zen könnte. Gottes Krieger und seine sonstigen Angestellten
haben ihre eigene Art von Wahrheit. Da ist nicht das, was
sichtbar ist, relevant, nicht der spürbare Schmerz, nicht die
offene, blutsickernde Wunde, sondern da hat es Hoffnung,
Hoffnung, dass der abgehackte Arm schon irgendwie Sinn
macht im weiteren Verlauf der Lebendigkeit. Gottes Leute
kalkulieren. Sie haben Gut-und-Böse-Listen, die ihnen helfen, das Gesehene und Geschehene einzuordnen.

Gott indes langweilt sich darüber, dass seine Gefolgschaft
auf Erden die uncoolste überhaupt ist. Er kommt sich vor
wie ein Independent-Musiker, der nur ein gewisses Maß an
Ruhm ertragen kann, das überschüssige Gebete ignoriert
er ohnehin. Er ist ein missverstandener Künstler, der miss-
verstandenste überhaupt. Sein Ideenreichtum wurde leider
durch seine Popularität arg beschränkt, so dass er seine
geilsten Ideen gar nicht zur Anwendung bringen kann. Gott
wartet und langweilt sich. Irgendwas muss passieren ...

Mein Herz ist Pudding

Beim zufälligen Entlanggehen auf einem Supermarktparkplatz können einem schon mal Mysterien begegnen. Mysterien, die einem das eigene Herz zu einer puddingartigen, unkontrollierbaren Masse werden lassen, die in einem Dinge anstellt, deren Auswirkungen man nicht einschätzen kann. So ergeht es Roy, und sein Puddingherz zuckt und die Kulisse Supermarktparkplatz wird egal und nur noch wenig wird wirklich wichtig.

Rote Turnschuhe, rote Haare, unglaublich, ein unglaubliches Mädchen bohrt sich aus der Ferne wie Sonnenstrahlen durch geschlossene Augen in Roys Herz, das kurz aufhört, zu schlagen, um dann umso schneller seine Schlagfrequenz fortzusetzen. Kleines, grünes Auto und dann Schritte, Schritte, Schritte, die auf den Pflastersteinen wie lässig pumpende Housebeats hallen, obwohl Roy nicht weiß, was Housebeats sind, und Herzbeschleunigung machen. Der Atem geht bewusst rein und raus, irgendwie ist überall zu viel Luft zugegen, und Roy hat ein Sommersprossengesicht gesehen, das er unbedingt berühren mag. Die Hand auf die Wange legen, die Hand dann da lassen und Ewigkeit

Ewigkeit sein lassen. Roys Herz will seinen Körper verlassen, schlägt wild und wirr um sich, wie ein durchgeknallter, aggressionstherapieresistenter Boxer, der durch gezielte Schläge in einem Ameisenhaufen Einzelwesen mit Fausthieben töten will, und eine leichte Atemnot blockiert entspanntes Weiterdenken. Da dreht sich was im Kopf, ein buntes Karussell wird angeschoben und eine leicht angeranzte Kirmesmelodie deckt all das zu. Roys Gedanken sind plötzlich Pferde, Feuerwehrautos und Raumschiffe, die hintereinander im Kreis fahren und einen Augenblick lang kann Roy das genießen und im nächsten Augenblick wird ihm schwindelig davon und im übernächsten Augenblick will er das alles anhalten, aus Angst vor Kontrollverlust, und im Augenblick danach ist alles zu spät, und er wirft das eigene Herz wie einen Stein in den See der Sehnsucht. Mit dem Bewusstsein, dass es ohnehin untergeht.

Sie stieg aus ihrem Fiat aus, die Beine geschwungen wie elegante Satzzeichen, und schwebte gen Supermarkt, verfolgt von Roys verzehrenden Blicken. Die Blicke haben Hunger, Roy hat Hunger, Hunger nach winziger Zärtlichkeit. Die ist ihm abhanden gekommen. Irgendwo im dichten Wald des unentspannten Älterwerdens hat sie eine andere Abbiegung als er genommen, und jetzt steht er da und will das rothaarige Mädchen berühren und ihre Wange anfassen, die Grenzen des schönsten Gesichts der Welt mit den Händen erfahrbar machen. Aber das Gesicht ist erst mal weg, und Roy braucht jetzt, was Roy nie hatte, nämlich: Mut.

Kurz nach dem Mutanfall liegt er also da, der Roy. Liegt auf dem Rücken, und über ihm scheint die Sonne ihr krassestes Gelb herab, und er muss blinzeln. Die Sonne kitzelt seine

Nase und legt sich wie mütterliche Handflächen auf sein Gesicht. In seiner Jackettasche hat er eine Sonnenbrille, die er sich dann aufsetzt und sich wie jemand Erhabenes und gleichsam Distanziertes fühlt. Roy ist einen Augenblick lang glücklich, bevor wieder eine Stimme in ihn fährt, die sich aus der Angst, vor dem Untier Leben zu versagen und seiner Chancenlosigkeit im Allgemeinen, zusammenstellt. Manchmal, so wie jetzt, in diesem virtuosen Augenblick, ist die Welt ein Stummfilm und Roy auf der Suche nach dem passendsten aller Untertitel. Da muss doch irgendwas sein. Worte unter Bildern. Beschreibungen dessen, was die Welt beschleunigt.

Es liegt auch eine leichte Frivolität neben Roy, er ist sich dieser auch bewusst, schämt sich ihrer aber nicht, sondern denkt einfach an den Skandalen, die er selbst darstellt, vorbei in eine Richtung, wo eine sehr persönliche Sonne scheint. Roy ist gut ausgerüstet. Roy hat eine Sonnenbrille. Und sein Ausdruck grenzt an Fröhlichkeit. Subtil lächelt er an dem Ausdruck, der tatsächlich als Fröhlichkeit identifiziert werden kann, vorbei. Er fühlt sich ein wenig schlüpfrig, wie ein pubertierender Junge, obwohl er schon 28 Jahre alt ist, aber Alter ist für Roy nicht von Bedeutung, da gibt es nur Fühlen und Nichtfühlen, und jetzt ist Fühlen und Roy guckt und wartet auf sein Glück.

Roy weiß, dass das Glück sehr oft mit anderen Dingen beschäftigt zu sein scheint, als mit ihm und anstatt sich um ihn zu kümmern, bringt es manchmal lieber ukrainischen Bärenfamilien in Zoos unerwarteten Nachwuchs oder einem blöden Ruhrgebiet-Fußballverein gute Stürmer. Das Glück ist nicht Roys bester Freund, was auch daran liegen mag, das Roy es stets provozieren möchte. Das ist auch ein Grund, warum er jetzt mit einer Sonnenbrille im Gesicht auf einem Supermarktparkplatz liegt. Das Glück hingegen weiß nie so recht, wie es dem Roy begegnen soll, meistens versteckt es sich hinter grauen Wänden oder unter Gullideckeln, um dann lieber den Ratten in der Kanalisation der Stadt Genüge zu tun. Scheiß Glück, denkt Roy manchmal, und das Glück schert sich nicht drum und spart sich die Präsenz in seinem Leben. Aneinandervorbeileben.

Heute provoziert er es wieder, das blöde Glück, und liegt auf dem Supermarktparkplatz vor einem kleinen, grünen Fiat Punto. Er liegt vor dem Auto des Mädchens, der wundervollen Rothaarigen, dort, wo sie es geparkt hat, dort, wo er sie zum ersten Mal flüchtig flüchtend sah, wie sie gazellenartig gen Supermarkteingang hüpfte, und er liegt da, wie ein angefahrenes Tier und bewegt sich nicht. Er wartet auf ihre Rückkehr. In seiner Vorstellung ist es so, dass sie nun ihre Mädcheneinkäufe erledigt, wie Haargummis, Schokoladentäfelchen mit Orangengeschmack, zuckerfreie Kaugummis und Handcreme, dann von einem roten Turnschuh auf den anderen tretend und sich mit einem Zeigefinger ihrer Wahl kleine Locken in ihre roten Haare drehend an der Registrierkasse wartet, und wenn sie an der Reihe ist, wird sie lächeln, passend bezahlen, weil sie, genau wie Roy, das Geräusch, das Kleingeld zwischen ihren dünnen Fingern macht, so sehr mag und deswegen immer viele Münzen in ihrer Geldbörse hat. Und dann geht sie auf dünnen Beinen zaghaft federnd wieder hinaus auf den Parkplatz, und ihr rotes Haar duftet nach Sommer und dem Gefühl, das Kinder haben, die zum allerersten Mal den Ozean riechen.

Sein einziges Ziel ist es, dass das Mädchen mit den roten Schuhen und ebensolchen Haaren nicht einfach so verschwindet, sie soll ihn bemerken, spüren, dass er da ist. Roy will sich fühlbar, erfahrbar machen, einfach nur durch sein bloßes Dasein, er will mittels seines simplen Erscheinungsbildes den Eindruck von Standfestigkeit und von festem Willen vermitteln. Dass das Liegen vor einem fremden Fahrzeug aber eine Handlung ist, die kaum etwas ausstrahlt als naive Lächerlichkeit, entgeht Roy aber in seiner Schockverliebtheit. Da sind kaum klare Bilder in seinem Kopf, kaum Reflexion bezüglich seiner Handlung, und so liegt er vor diesem grünen Fiat Punto und erwartet irgendeine Veränderung.

Guckt Roy nach links, so sieht er den Supermarkteingang und harrt der roten Turnschuhe, von denen er sich wünscht, dass sie erneut in sein Blickfeld treten, und rollt Roy seinen Kopf nach rechts, sieht er die Straße, auf der einige Autos im Schritttempo entlangfahren. Auf dem Parkplatz herrscht ein reges Treiben, aber niemand scheint Roy Beachtung zu schenken, wie er da liegt mit seiner Sonnenbrille und seine Herz schlagen hört, dass sich anfühlt wie ein durchgeknallter Flummi.

Schließt Roy die Augen, so sieht er das rothaarige Mädchen. Erst aus der Ferne, und dann kommt es auf ihn zu, zuerst langsam, und dann rennt es, rennt so schnell, dass ihr rotes langes Haar wie ein Schleier wirkt, der hinter ihr herfliegt, und sie wirft sich in Roys Arme, einfach nur so, weil da Platz ist in seinen Armen, und dann gehen die beiden Hand in Hand zum Haus von Roys Eltern und setzen sich auf die kleine Holzbank, die Roys Vater selbst gebaut hat und auf die er so stolz ist, und Roys Mutter kommt mit einem Tablett aus der Haustür und bietet dem Mädchen und Roy Apfelschorle und gute Schokokekse an, und die beiden nehmen, und die Mutter verschwindet wieder im Haus, und es ist still, und Vöglein singen, und Roy ist glücklich und das Mädchen auch. Eine heimatfilmartige Idylle schwebt über dem Haus und irgendwas aus Harmonie und der Gewissheit, dass die Möglichkeit besteht, Träume in Wahrheit umzuwandeln, tanzt in Roys Kopf.

Der Moment der geschlossenen Augen gehört ganz ihm, und er merkt erst, dass er ein Opfer seiner Phantasie geworden ist, als er die Augen öffnet und eine alte Frau ihn anstarrt. »Hallo?« Ihre Stimme klingt nach gutmütiger Altersmilde, und Roy, der sich vorgenommen hat, nie zu sprechen, weil er doch weiß, dass Worte nur die Taten umschließen und die Gefühle beschreiben, die aber niemals gelebt werden, Roy also starrt in ihr Gesicht und die alte Frau dreht sich um und ruft über den Parkplatz: »Hier liegt ein behinderter Junge, kann mal jemand helfen?« Dann sieht Roy eine Menge verschiedenbeschuhter Füße, die sich nähern und sich um seinen Kopf positionieren. »Was ist denn mit ihm?«, fragt eine Frau mittleren Alters, die ein kleines Mädchen an der Hand hat. »Ich weiß es nicht, der lag hier, der Junge, vielleicht ist der irgendwo abgehauen, aus einem Wohnheim oder so?« Die alte Frau, die Roy zuerst gefunden hat, blickt besorgt auf ihn herunter. »Vielleicht hat er sich auch einfach nur verlaufen?« Roy starrt in nunmehr fünf Augenpaare, die ihn fixieren, und Münder öffnen sich und geben Mutmaßungen preis, und eigentlich will er, dass endlich die roten Schuhe wiederkommen und dann alles in einer Harmonie aufgeht, die er sich zurecht phantasiert hat. Er hat immer noch seine Sonnenbrille auf und findet das gut, weil die macht ein wenig Distanz zur Welt um ihn, diese Welt, die aus den Leuten besteht, die sich komische Gedanken machen und sich Sachen vorstellen, die ihr eigenes Leben gegenüber anderen Leben aufwerten. Langsam nimmt Roy seine Brille ab. Die Leute gucken auf ihn runter mit einer ekelhaften Mischung aus Mitleid, Empathie und Zuvielcourage.

»Bist du hingefallen, Junge?« Die Frau mittleren Alters mit dem Kind an der Hand beugt sich ein stückweit zu Roy herunter. Das Kind an ihrer Hand guckt ihm verstört ins Gesicht und verschwindet zur Hälfte hinter den Beinen der Frau. »Was ist mit seinem Gesicht?«, fragt das kleine Mädchenkind, und die Frau versucht eine diplomatische Erklärung aus den Zutaten Direktheit und Sendung-mit-der-Maus-Einfühlungsvermögen. »Der junge Mann ist behindert, verstehst du, Pauline? Er sieht im Gesicht ein bisschen anders aus, weil er einfach so geboren ist. Aber eigentlich ist er ganz normal, sieht nur etwas anders aus.« Roy bemerkt das Unwohlsein der Frau, sich mit Behinderungen auseinandersetzen zu müssen und diese sogar noch zu erklären. Das Mädchen guckt hinter den Beinen der Frau, die etwas zu alt wirkt, um die Mutter zu sein, und etwas zu jung wirkt, um die Oma zu sein, hervor und fixiert Roys Gesicht, der einfach da liegt und zurück guckt. Die kleine Pauline versucht das, was in Roys Gesicht stattfindet, zu begreifen, versucht die dicke, leicht heraushängende Zunge, die sie an einen durstigen Hund erinnert, die schmalen Augen, die kleine Stirn und die kleinen Hände irgendwie einzuordnen und kommt zu dem Entschluss, dass es sich um ein großes Baby handelt, dass von seiner

Mutter nicht gewollt wird, weil es so hässlich ist. Deswegen hat die Mutter es aus dem fahrenden Auto geworfen, nach dem Einkaufen. Pauline empfindet so was wie Mitleid und lächelt Roy an, der verstört zurück blinzelt.

»Kannst du laufen?«, fragt jetzt ein Typ, der neben der Frau mit dem Kind steht, und er reicht Roy die Hand, und Roy findet es schön, wenn ihm eine Hand gereicht wird, aber eigentlich ist er doch hier, um ein Herz zu erobern. Trotzdem ergreift er die Hand des Mannes, und eine herbe Kraft zieht ihn nach oben, und dann steht Roy in der Mitte der Gaffer und findet das maximal peinlich, dass sich diese sorgenreiche Gruppe um ihn postiert hat, um ihn, der doch nur seine Romantik ausschütten wollte. Das war ja auch der Grund, warum er sich hingelegt hatte. Die Gruppe drängt Roy ein wenig weg. Weg vom grünen Fiat. Seine Sonnenbrille fällt auf den Boden, nimmt aber keinen Schaden.

»Vorsicht, da fährt jemand weg«, sagt die Alte und stößt Roy etwas unsanft in die Seite, sodass er drei Ausfallschritte machen muss, um sein Gleichgewicht zu halten. Er sieht aus dem Augenwinkel, wie ein kleiner Kopf mit roten Haaren in einem grünen Kleinwagen verschwindet, und in ihm schreit alles, was imstande ist, lautlos zu schreien. Dann wird er weiter abgedrängt von den Zufallsleuten, die ihn umgeben, und das Geräusch, das die Autotür des rothaarigen Mädchens beim Schließen macht, kommt Roy vor wie das Geräusch bei einer Enthauptung mit einer stumpfen Axt. Irgendein Knochen knackt, die Stabilität eines Lebens wackelt und Roy bemerkt, dass er wackelt, haltlos wackelt, und er fühlt sich wie ein Ertrinkender auf irgendeinem Ozean, weit weg von irgendeinem Festland und um ihn

15

herum toben sich meterhohe Wellen aus, die ihn umschließen und anschließend begraben. Mit letztmöglicher Gelassenheit hebt Roy seine Sonnenbrille auf, und die kleine
Pauline zupft an seinem Jacketärmel. »Kannst du nicht sprechen? Hat deine Mama dir nicht gezeigt, wie man spricht?«
Roy denkt kurz daran, dem Mädchen seine Faust auf den
Kinderkopf zu schlagen, so mit der ganzen Wut, die da in
ihm stattfindet, ein Schlag wäre das, der die ganze Ableh-
nung, die ganze Problematik seiner Behinderung und die
wildeste aller wilden Entschlossenheiten beinhalten würde,
und er würde das Gehirn des Mädchens auf ewig schädigen
mit diesem einen Schlag.

Aber Roy schlägt nicht zu, sondern guckt die Leute an, die
ihn angucken, und dann will er nur noch rennen und er
weiß, wie scheiße es aussieht, wenn er rennt, aber scheiße aussehen ist jetzt mal egal, und er löst sich aus der
Mitte der Leute und sein behäbiger Körper beginnt, Distanz zu schaffen. Roy weiß, wie scheiße es aussieht, wie
er auszusehen und dabei zu rennen und so unglaublich
traurig zu sein, dass die ungeweinten Tränen zusätzlichen
Ballast ausmachen, aber Roy rennt. Er fühlt sich wie eine
Ganzkörperblamage. Die Leute rufen noch was, manches
hört sich an wie schallendes Lachen, und das Schlimme
daran ist, dass sich Roy seiner Lächerlichkeit bewusst ist.
Roy fühlt sich wie ein Einrichtungsgegenstand in einer
fremden Wohnung, zufällig von geschmacklosen Menschen an einen Ort gestellt und dort belassen und gleichzeitig vergessen.

Und Roy rennt, rennt die Straße hinunter, ziellos, in seinen
Augen sammeln sich sehnsuchtsvolle Tränen, rollen sein

dickliches Gesicht herunter. Tränen, die ihm ein wenig die Sicht nehmen, und er sieht verschwommene Leute gucken, sieht andere, unklare Menschen lachen, sieht sich selbst beim Passieren zu und empfindet etwas zu viel Grausamkeit in diesem Ding, das sich sein Leben schimpft.

Das ist irgendwie symbolisch für Roys Leben. Dieses zufällig irgendwo sein und vor allem, dieses zufällig *irgendwie* sein und sein zu *müssen*. Er ist sich seiner Trisomie 21-Ausstrahlung durchaus bewusst, aber dieses Wissen ist ein Ballast, fühlt sich an wie ein angewachsener Rucksack, der mit Steinen gefüllt ist und zieht an seinem Körper, wie auch an seinem Bewusstsein. Und er fühlt sich, als fiele er ständig, vom Punkt seiner Geburt in die Zielsicherheit eines Todes. Den ganzen Weg nur gefallen. Gefallen am Fallen wird Roy nie finden. Was er sucht, ist aufrichtige Liebe, konkrete Herzensangelegenheiten, die die Leute treffen, die sie etwas angehen. Und die kommen dann an und antworten mit Stigmatisierung.

Als Inhaber von 47 Chromosomen wird einem der Weg in die Verständniswelt von Inhabern mit lediglich 46 Chromosomen stark verbaut. Helfersyndromsgeschädigte Mitmenschen kommen nur allzu oft daher und schätzen die behinderte Gefühlswelt ein, um ihre eigene Gefühlswelt vor seltsamen Schamgefühlen zu beschützen. Und dann steht man da, denkt Roy, steht da rum mit seinen 47 Chromosomen und der entsprechenden Optik und kann seiner Rolle nicht entkommen. Als die Rollen für dieses Stück besetzt wurden und Gott sich fragte, wer denn nun den Behinderten spielen soll, kam ihm Roy ins Blickfeld. Gleichzeitig mit dem Zuvielchromosom steckte er ihn randvoll mit Leidenschaft und machte ihn so zur melancholischen Elite. Dieser Gotttyp hat wirklich einen seltsamen Humor.

Roy lebt irgendwo zwischen dem ekelhaften Süßgefundenwerden unbekannter Menschen, von denen er eigentlich ernst genommen werden mag, und dem Nichtzutrauen anderer Leute, die ihm ewig Sachen erklären, die Roy weiß. Ein Blick in sein Gesicht ist für viele ein Blick auf die Fassade der Dummheit, die eigentlich in ihnen selbst drin ist, und dann steigt Mitleid auf wie der Geruch vergifteter Kotze, und Roy will das nicht kommentieren, nein, er weiß, dass Worte die Zustände nicht verbessern, weil sie nur umschließen können, was da ist, Worte, so weiß Roy, können niemals den Kern der Menschlichkeit anrühren. Deswegen hat er sich vorgenommen, nie zu sprechen. Niemals.

Bis hierher ist Roy gerannt und sein kleines, fettes Herz scheint mit aller ihm zur Verfügung stehenden Gewalt seinen ganzen Körper ausfüllen zu wollen. Irgendwann geht Roy wieder langsamer und er erkennt, dass die Stadt grauer als grau ist, und genauer als genau erkennt er, dass das Schicksal ihn mit einem viel zu dicken Pimmel in eine dafür nicht vorgesehene Körperöffnung fickt. Und er sucht in sich, was ihn antreibt, und er findet diese kleine Verzweiflung, die ihm wie Mahlzeiten verabreicht wird.

Was ihn treibt, ist die Schönheit der Augenblicke, ist die Sehnsucht nach irgendeiner ehrlich gemeinten Nähe, nach der Nähe eines anderen Menschen, der sich in seine greifbare Nähe begeben mag. Ohne Vorurteil, ohne Scham, ohne Schande und Mitleid. Das rothaarige Mädchen hat etwas in ihm aufgewühlt, so als sei sie eine Bäuerin und Roy

18

selbst ein unbestellter Acker, und das Mädchen schaufelt ihm die Oberfläche vom Leib und unter der dicken, weißen Mongohaut tauchen dann allerlei Gefühle auf, die einfach da sind und Funken sprühend ihre Existenz beweisen.

Die Sonne ist immer noch gelb brüllend und gibt dem Tag eine Farbe, die sich van Gogh ausgesucht haben muss. Roy trottet vertrottelt umher, die Stadt mit diesen Autos, Häusern und Menschen umgibt ihn wie ein Hochsicherheitstrakt. Genauso ist es mit seinem Körper, der wirkt für Roy ebenfalls wie ein Knast. Er fühlt sich in seiner körperlichen Behäbigkeit wie ein Kind, das auf ewig in einer geschlossenen Hüpfburg eingeschlossen ist. Das ist ja für Momente manchmal ganz schön, aber wenn einem dann das Spiegelbild die Endgültigkeit von allem täglich in die Fresse schleudert, das ist ein Grund für tiefe Traurigkeit, findet Roy. Aber er gibt nicht auf, Sehnsucht und Romantik sind für ihn nicht nur Wörter, die in Schlagertexten eine imaginäre Größe vorgaukeln, sondern Roy kann diese Wörter füllen. Mit Leben. Und er wird ruhiger, und da vorn ist ja der Park und Roy entscheidet sich, den kleinen See zu umrunden, der sich ungefähr in der Mitte des Naherholungsgebietes aufhält. Wogende, fast tänzelnde Bäume machen den Park zu einer idyllischen Filmkulisse, in die Roy jetzt eintaucht.

Roy schließt kurz die Augen und da ist sie dann wieder da, die Rothaarige, und läuft neben ihm und duftet wie sonnengeduschte Erdbeeren duften, und Roy steckt ihr Erdbeeren ins Gesicht und die Rothaarige lächelt und öffnet ihren schönen, vollen, ganz glanzlippigen Mund und Roy schiebt Frucht um Frucht in sie hinein, und sie kaut und lacht und Erdbeersaft fließt aus ihr raus. Roys Gedanken machen einen Sprung und das Mädchen und er liegen nackt auf einer Wiese und füttern einander mit Würstchenketten und Cola. Drumherum surren Insekten. Vöglein singen, Blumen blühen. Die Wiese ist so weich und Roy sieht die Brüste des Mädchens, die ihn anlachen und ihn bitten, sie anzurühren, und Roy tut, wie ihm von den Brüsten aufgetragen, und das Mädchen jubiliert und isst meterweise Wurst von der Kette und schüttet Cola nach. Roy legt schließlich seinen Kopf auf den Bauch des Mädchens und das Mädchen schläft bereits und dann macht Roy die Augen wieder auf, sitzt mit heruntergelassener Hose unentspannt auf dem öffentlichen Klo und fühlt, wie sein Sperma ins Freie tritt. Dann weint Roy, die Tränen laufen ihm das Gesicht herunter, ein Tränencocktail aus Wut- und Trauersaft, und er verlässt die Toilettenzelle erst, als Sperma und Tränen getrocknet sind.

Gott guckt auf Roy und er freut sich an ihm. Das, was der Roy nämlich an Liebe ausstrahlt, das ist genau das, was sein Glaube, seine Kunst eigentlich vermitteln mag. Die Unmittelbarkeit der Liebe, mit einer gewissen Wahllosigkeit geschmückt, das sollen die Leute verteilen, dann wird der scheiß Planet endlich ein Planet Gottes. Leider machen da die wenigsten mit.

Früher hat Gott das irdische Leben noch beeinflusst. Wenn er beispielsweise zornig war, hat er gezielt Naturkatastrophen ausgesendet oder Kriege angezettelt. Irgendwann wurde das langweilig, denn irgendwann erkannte er, dass er die Leute dadurch keine Spur veränderte. Die, die überlebten, machten einfach weiter mit dem ganzen Mist, häuften weiterhin Scheiße auf Scheiße und weigerten sich, das Leben als beständige Folge von lieblichen Ereignissen zu gestalten. Vielleicht ist seine Idee zu hippielastig, aber wenn Gott Roy so sieht, hat er eine Resthoffnung.

Nach Leben graben

Illusionen, so denkt Solveig, sind ja kleine süße Tiere, die auf dem Fußboden leben. Oder im Handschuhfach eines Kleinwagens. Als Solveig rauchen mag und ein Feuerzeug sucht und eins im Handschuhfach ihres kleinen grünen Fiat Punto wähnt, guckt sie dabei auch nach, ob da irgendwelche Illusionen versteckt sind. Sind aber keine da, nicht mal ein Feuerzeug, und sie fährt weiter. Scheiße. Illusionslose Leben riechen nach Sterben, denkt Solveig.

Verdammte Illusionen, denkt Solveig noch. Illusionen haben ja im Allgemeinen die Eigenschaft, etwas Vorhandenes als etwas komplett anderes zu vermitteln. Es geht dabei um wirkliche Wahrnehmung, die verfälscht dargestellt wird. Solveig illusioniert ihr Leben in ihrer leichten und fettarmen Mädchennaivität als einen Haufen gut gemeinter, aufeinander folgender Ereignisse, die ihr die Zeit des Existierens irgendwie interessant erscheinen lassen sollen, doch wenn man dann die Augen auch nur ein wenig für den Realismus öffnet, dann ist dieses Leben irgendetwas zwischen Geburt und Tod, was dazu da ist, es voller Ereignisse zu stellen und vollzubauen mit Werten und Erwartungen, an denen man sich orientieren mag, um dann am Ende zu erkennen, dass das Leben eine Baustelle ist, die niemals fertig gestellt werden wird. Immer fehlt irgendwas, manchmal ist irgendwas zuviel, aber auf jeden Fall besteht nie die Möglichkeit, die ganze Kiste als fertig oder beendet zu betrachten. Nie, nicht, zu keinem verfickten Zeitpunkt.

Solveig erinnert sich an eine Zeit, als alles noch in einer gewissen Ordnung um sie herum aufgestellt war. Da war eine schöne Kindheit, gefolgt von einer typischen Jugend, in der sie sich immer noch wähnt. Da wurden aus Bonbons Zigaretten und aus Orangenlimonade Wodka, und der Tausch dieser Güter wurde ohne jedes aktive Zutun ihrerseits einfach so vollzogen. Es passierte einfach so. Plötzlich war alles da, und es gab neue Regeln, neue Unzufriedenheiten und kleine Ziele, nach denen zu streben sich wie das Buddeln nach Nahrung in der Weite irgendeiner Endloswüste anfühlte. Alles zu weit weg.

Sie erinnert sich an ihre Mutter, die ihr immer diesen beschissenen Helm beim Fahrradfahren auf den Kopf gezwungen hat, der sie vor hirnschädigendem Unheil bewahren sollte. Das war auch die Zeit, als das schlimmste, was ein Mädchen von einem Jungen bekommen konnte, Schläge waren. Als Papas Schultern der höchste Aussichtspunkt und Mama die größte Heldin und Bekämpferin allen Unrechts war. Die einzigen Feinde waren damals nur Mitschüler und Geschwister, ein begrenzter und einschätzbarer Haufen übler Menschen. Die einzig bekannte Droge war damals Hustensaft, und der schlimmste Schmerz, den man fühlen konnte, war der, wenn man mit dem Fahrrad auf dem Schotterweg auf die Fresse fiel und sich die Knie aufschürfte. Zu dieser Zeit konnte man es nicht abwarten, erwachsen zu sein, heute würde man an manchen Tagen gern sein Konto dafür auflösen, einmal so einen Tag wie damals in vollem Bewusstsein erleben zu können. Der Geruch eines Freibades, der fremde Hund auf der Straße, die Tüte Gemischtes für 50 Pfennig an der Bude, verdammt, wo ist das alles hin? Die Erinnerung verklebt die Sinne und verschalt wie ein unabgeholtes Bier am Kneipentresen.

Irgendwas ist innerhalb von Solveig in Unordnung geraten, es sieht in ihr aus, als habe ein Kind seine mit viel Liebe aufgebaute Legostadt mit Godzilla mäßigen Fußtritten in ein undefinierbares Plastikchaos umgestaltet. Es sieht aus wie Bürgerkrieg im Kinderzimmer, und alles wegen dieser beschissenen Liebe, denkt Solveig. Die Liebe, die wie ein Zug durch ihr Leben rast, und sie ist nur ein kleiner baufälliger Bahnhof, an dem nichts mehr anhält. Der Mann, an dem sie gerade leidet, heißt Emil.

Emil ist wirklich ein sehr, sehr dummer Name, denkt Solveig; Emil heißen kleine Hunde, die zu Weihnachten verschenkt werden, schnell uninteressant werden oder kaputt gehen und anschließend ins Tierheim gegeben werden, oder F-Jugend-Fußballspieler, die talentiert sind und eine Zukunft in der Kreisliga zu haben scheinen, aber kein Mann, der Leben in Wüstenlandschaften verwandelt. Nein, solche Leute heißen Jared oder Chris oder so, aber niemals Emil.

Aber Emil kam, sah und besiegte Solveig, die jetzt in ihrem kleinen, grünen Fiat Punto durch die Stadt fährt, die einer Festung gleicht. Alle unterwegs oder in ihren Häusern und Geschäften und beschäftigt mit Verrichtungen, die manchmal so sinnlos sind wie das Betrachten von Regen. Das kann man schön finden, aber es hilft einem nicht durch ein zugebautes Leben hindurch. Und manchmal kommen Sätze in Solveigs Kopf, die Trost versuchen und sagen: Wenn du dich alleine fühlst, dann stell dir vor, du sitzt in einem Bonbonglas und ein rotes Gummibärchen hält deine Hand. Solveig streicht sich ihr rotes Haar aus der Stirn, und hinter dieser Stirn finden Gedanken statt, die aus Langeweile, Verzweiflung und Zersetzung bestehen. Und aus Emil.

Emil kam in Solveigs Leben durch eine dieser Social Communities, in denen Leute auf ihren Angeberprofilen so tun, als wären sie jemand sehr besonderes. Solveig war damals haltlos, ist sie immer noch, sie fühlt keine Konstanz, obwohl sie die dringend nötig hätte. Wenn da mal etwas in ihr Leben käme, was dann auch da bliebe, und dieses Etwas die Absicht hätte, ihr Leben zu etwas Besonderem zu machen, so wäre das genau das Ding, was Solveig im Visier hat. Sie fühlt sich lediglich halbherzig unterwegs, ihr halbes Herz geöffnet für neue Menschen, die andere Hälfte mit sich selbst beschäftigt und der Festigung und dem Aufbau ihrer inneren Legostadt gewidmet.

Und dann kam dieser Emil und ließ ein paar Worte da, und zunächst mal war er nichts besonderes, ein junger Mann, blond, unscheinbar und ebenso wie Solveig von einer seltsamen und trotzdem in diese Zeit passenden Willkür angetrieben. So wie viele Männer, die Solveig zu der Zeit kennenlernte. Da war kein Schema zugegen in dieser Kennenlernstrategie, alles folgte keinem Prinzip, aber dem völligen Zufall. Dass es dann aber doch Emil traf, war kleinen Worten geschuldet, die Emil in sein Profil postete. Alle hatten mit dem Gefühl zu tun, sich in der optionalen Vielfalt des Lebens mehr als Alleingelassen zu fühlen und sich dem Scheitern auf hohem Niveau hingeben zu können. Das traf Solveig irgendwie mitten in die Herzkammer, ganz innen traf sie das, es berührte ihr unschuldiges Mädchensein, und so schickte sie Emil einige Nachrichten, die er in seiner selbstverlorenen Art beantwortete, und es wuchs eine kleine Blume, die Blume der verlorenen Kinder der Neuzeit, und sie wurde von dort an täglich mit Illusionen gefüttert.

Emil und Solveig tauschten sich über ihr Verlassenheitsgefühl und ihre mängelexemplarischen Erscheinungsbilder aus. Beide hatten sie das Gefühl, so unscheinbar und trotzdem irgendwie so wichtig wie Atemluft zu sein. Statements flogen durch den virtuellen Raum und schufen ein kleines Vertrauen, erbauten einen Ort für formschöne Gedanken abseits jeder Uniformität. Es entstand eine kleine neue Welt, einer minimalistischen Welt voller Verständnis und guten Gefühlen. So philosophierten Emil und Solveig, und da war ein Wachstum an Verständlichkeit zu bemerken, und manchmal fühlte sich Solveig, als schwömme sie im selben Gewässer wie Emil, als wären sie freundschaftlich verbundene Fische, die ihr Dasein im begrenzten Aquarium der Abgestandenheit fristen mussten. Und das zelebrierten beide.

Emil hatte es aber auch drauf, sich interessant zu machen. Manchmal war es so, dass Solveig eine Nachricht an ihn versandte, die viel Gefühl und Offenheit an den Tag legte und dann stundenlang vor dem Computer herumgammelte, Zigaretten und Kaffee inhalierend, um auf Emils Antwort zu warten, und es fühlte sich nicht an, wie das Verschwenden von Zeit, sondern wie das Warten auf ein Geschenk.

Aktualisieren: nichts. Aktualisieren: nichts. Aktualisieren: nichts. Jeder Klick Solveigs war mit der Hoffnung gesegnet, dass es dieses Mal einfach mal wieder funktionieren müsste, das mit dem Verlieben.

Es kam irgendwann das unvermeidbare Treffen, und was geschah? Solveig war enttäuscht. Enttäuscht von seiner Höflichkeit, seinem viel zu guten Aussehen, seinem unbedingten Willen, ihr irgendwie zu gefallen. Sie tranken Cappuccinos, Apfelschorlen und man bestellte ein wenig Fingerfood, aber der erwartete Funke, der dieser Situation irgendwas Erotisches, gar Weltbewegendes beisteuern sollte, der blieb einfach aus, die Sau. Bevor das Leben spannend werden konnte, blieb es einfach langweilig, und Solveig guckte den Emil an, der irgendwie mittlerweile immer ihren Blicken auswich, weil er sich auch wohl ein Gefühlsereignis versprochen hatte, was nicht passiert war. Die Zeit tropfte zähflüssig durchs Oleander, und Solveig versuchte noch, irgendetwas Interesseweckendes zu tun, aber das Interesse schlief tief und fest, und so saß man da und tauschte magielose Belanglosigkeiten aus, und die vorbereitete Stimmung verstumpfte einfach mit jeder Minute, die man sich gegenübersaß. Es war, als wäre Solveig ein Mittelstürmer, der sich weit in der eigenen Hälfte den Ball erobert hatte und jetzt jeden Gegner ausdribbelte und irgendwann sogar den Torwart umspielte, um dann aber vor dem leeren Tor zu stehen und den Ball daneben zu schießen. Vielleicht aus Kraftlosigkeit oder vielleicht aus reiner Unfähigkeit. Oder aus mangelndem Interesse an der Sportart.

Irgendwann gingen sie dann wieder auseinander, Solveig und der Emil, Solveig etwas trauriger als zuvor, und Emil hatte sich wahrscheinlich auch mehr versprochen. Er zahlte in seiner charmanten Art die Rechnung, fand das Mädchen nicht uninteressant, aber sie hatte, auch wenn nicht verbal, deutlich signalisiert, dass aus dieser Zweierbegegnung keine Romanze werden würde. Sie ging, wie sie gekommen war, allein. Aber mit der Realität, die plötzlich und eigentlich erwartbar aufkreuzte, kam auch etwas Trauer mitgeschwemmt, die Traurigkeit darüber, sich nicht wirklich mehr verlieben zu können, nachdem *er* sie verlassen hatte.

Er, wie sie ihn nennt, weil sie denkt, dass Herzamputierern wie *ihm* kein Eigenname zustünde, brach vor knapp 2 Jahren Solveigs noch junges, naives Mädchenherz. Es war ihre zweite längere Beziehung, und die Solveig glaubte nicht mehr an den Weihnachtsmann, aber an die große Liebe und ebensolches Glück. Eine gefährliche Phase in jedem Leben, das von Mädchenromantik Richtung erfahrene Frau unterwegs ist. Ihre romantische Verpeiltheit ließ sie in seine Arme gleiten, und als er genug davon hatte, nur in einem Paar Armen zu liegen, verließ er sie und ihr kleines, unbedeutendes Leben, um sich in ein vermeintlich größeres zu stürzen. Sie wäre fast daran gestorben, glaubt sie, an Herzbruch. Es reichten nur wenige Worte an sie aus, um sie in ihn verliebt zu machen, aber noch weniger, um alles kaputt zu treten. Für sie war das emotionale Band zu ihm etwas dicker gesponnen als das von ihm zu ihr. Solveig kroch auf der Erde zu seinen Füßen, er war nur noch genervt und froh, als er endlich in eine andere Stadt zog, wo er sich nicht mehr mit der schwachen und emotional zersplitterten Solveig auseinander zu setzen hatte.

Nachdem aber wieder etwas Stärke in Solveigs Bewusstsein zurückgekehrt war, dachte sie sich: Wenn alle hier so sind und sich einfach nehmen, was sie brauchen, warum sollte ich das nicht auch tun. Es folgten also mehrere Monate voller Lebensgier, die Solveig mit Parties, Sex und dem unbedingten Willen, sich zu amüsieren, füllte. Sie sah verschiedenste Penisse, rieb daran, verschluckte sie und ließ sich in alle möglichen Körperöffnungen ficken. Nachdem aber so ein Penis wieder aus ihrem Bett aufgestanden war und die Wohnung verlassen hatte, blieb da nur noch bittere Einsamkeit, der man nicht mehr entkommen konnte. *Er* war schuld, dass nichts mehr in ihrer Herzgegend einen Fremden zulassen konnte. Dass es jedes Mal zerbrechen musste, bevor es eine Chance gab, dass es beginnen würde.

Nach diesen Monaten bemerkte Solveig aber auch, dass diese Art zu leben auch nicht unbedingt erfüllend war. Zumindest nicht für die Dauer, die ein Zustand braucht, um sich in ihrem Bewusstsein als spürbares Gefühl zu manifestieren. Es war eine von Ruhelosigkeit und Bindungsunwillen geprägte Zeit, wo das, was schön war, nur einen Fick lang oder maximal eine Nacht lang dauerte. Das ist irgendwie alles viel zu kurz, um daraus etwas wirklich Fühlbares zu gestalten, dachte Solveig.

Nach dieser Erkenntnis, so schmerzvoll und einprägsam sie auch war, fiel alles zusammen, und das ist jetzt auch ihre Position. Allein in einem zusammengefalteten Leben. Ein zusammengeklapptes Leben, in dem nichts klappt. Als Antrieb nur die Sehnsucht, die verzweifelt versucht, ihren Herzrhythmus zu beschleunigen, die Sehnsucht nach der Erfüllung, nach der Ganzheitlichkeit. Viele arg bescheuerte

Floskeln tanzen durch ihren Kopf, die mit den Töpfen und den Deckeln, die mit dem blinden Huhn und dem Korn und auch eine mit dem Suchen und dem Finden. Alles scheiße, weiß Solveig, diese Kalendersprüche, die sollte man in Glückskekse tun, diese mit Botschaft aufessen, dann auskacken und genauso, wie sie dann aussehen, total beschissen nämlich, so ist auch ihre Wirkweise. Aber Solveig weiß auch, je verzweifelter die Suche ist, desto unmöglicher ist das Finden.

Allein zu Hause wird ihr dann ihr Alleinsein bewusster, und sie liegt da auf dem Sofa, und in irgendeiner dilettantischen Soap, die unglaublich bescheuerte, weil unglaubwürdige und würdelose, Leben abbildet, küssen sich zwei, die denken sie wären Schauspieler, die darstellen, dass sie verliebt wären, und Solveig schaut ihnen dabei zu. Was für ein elementarer Irrsinn: Die falsche und schlecht dargestellte Liebe wird von unfähigen Darstellern als sehnsuchtsverstärkendes Mittel in die Wohnzimmer der Bürger geblasen. Wer soll denn dabei was empfinden? Wer nimmt diesen Leuten denn diese Küsse ab? Es wirkt, als küssten sich Postbote und Fleischwarenfachverkäuferin, die sich vor zehn Minuten mediendepressiv im grausam grauen Flur des Sozialamtes kennengelernt haben. Dass dieser scheiß Kuss nicht echt ist, sieht doch jeder, denkt Solveig und macht den Fernseher aus.

An Liebe zu verzweifeln, ist eine interessante Art, verrückt zu werden.

Oh ich, denkt Gott und guckt dem Mädchen Solveig ein paar gelangweilte Sekunden beim Einsamsein zu, um sich dann wieder seiner Playstation zuzuwenden. Die ist ganz neu und vertreibt die Langeweile für eine gewisse Zeit. Gott hat irgendwann für sich selbst die Ewigkeit hergestellt, und Ewigkeit kann wirklich langweilig sein, da ist Spielekonsole nicht nur ein Wort, sondern eine Art Lösung. Er tut es seinen Followern gleich. Gott lernt von den Leuten, die ihrerseits nicht wissen, wohin mit ihrer Zeit und wie diese am besten zu koordinieren ist. Und die haben nicht mal die Ewigkeit, denkt Gott und ballert die Ärsche einiger Aliens durchs Weltall.

Halbe Liebe

Ingeborg ist in Sorge ob ihrer Wirkung auf kleine Kinder. Sie erinnert sich an eine Zeit, als sie ein Kind nur anzulächeln brauchte und es daraufhin zurücklächelte. Irgendwas muss mit ihrem Gesicht passiert sein, der Ausdruck, der ein Kind zum Lächeln animieren kann, ist wohl nicht mehr abrufbar. Die stumpfe Fresse des deprimiert machenden Alters hat sich in ihrem Gesicht manifestiert. Die Sache ist nicht mehr abwaschbar, unkaschierbar liegt sie dort, die brutale Fresse der Vergänglichkeit, und macht aus Ingeborg eine alltägliche Kläglichkeit.

Ingeborg steht an der Supermarktkasse und vor ihr sitzt ein kleiner, dicker Mensch, der sie mit übergroßen Augen anstarrt. Der kleine, dicke Mensch sitzt in diesem Einkaufswagenkindersitz, entgegen der Fahrtrichtung, während seine Mutter daneben steht und Konsumgüter auf das Laufband legt und ihrem Kind deswegen kurzzeitig keine Beachtung schenken kann. Ingeborg sieht dem Kind direkt in die Augen, stemmt sich ein Lächeln ins Gesicht und erwartet, dass das Kind ebenso reagiert. Schweigen und Starren sind aber seine einzigen Reaktionen. Urplötzlich aber fällt der neutrale Ausdruck des starrenden Schweigens in sich zusammen und das Kind beginnt ein heulendes Plärren. Ingeborg lächelt immer noch, versucht einen beruhigenden, irgendwie besänftigenden Blick hinzukriegen, aber das Kind weint immer heftiger und lauter. »Was ist denn los, Leon?«, verständnisvollt die gestresst wirkende Mutter in das jämmerliche Weinen, dass irgendwie immer lauter und schlimmer wird. Für Ingeborg hat dieses Weinen etwas Panisches in sich, etwas Angstartikulierendes, und beschämt wendet sie den Blick ab und schaut auf das Band, auf das sie nun langsam ihre Waren legen kann. Ist denn mittlerweile wirklich so viel Verbitterung in ihr Gesicht gemeißelt worden, dass sie selbst einem naiven Kind nichts mehr vorspielen kann? Sie legt langsam Äpfel, Milch, Saft, Brot, Tomaten, Aufschnitt und noch ein paar andere Dinge aus ihrem Einkaufswagen auf das Band. Mittlerweile hat die Mutter den kleinen, dicken Leon beruhigt, und er sitzt wieder im Einkaufswagenkindersitz und schaut stumpf in die Gegend. Ingeborg traut sich nun nicht mehr, direkten Blickkontakt aufzubauen. Würde Leon erneut wegen ihr und ihrem Sorgenfaltengesicht zu heulen anfangen, wüsste sie nicht, wie sie das verkraften sollte. Ingeborg schluckt, würde selbst am liebsten los heulen, hier in der Warteschlange an der Supermarktkasse.

Ingeborg würde aber auch genau so gerne den kleinen, dicken Leon an sich reißen und seine fetten Backen mit ihren faltigen Händen zusammenquetschen und ihm mit letzter Kraft ins Gesicht schreien: »Dafür, dass du Scheißkind mir jetzt den letzten, schwach glimmenden Funken Selbstwertgefühl ausbläst, hab ich dieses Land nicht wieder mit aufgebaut, in dem du jetzt sorgenfrei fett und dumm werden und bleiben kannst.« Leon würde merken, dass sie es ernst meint und sein Geplärre gegen wertschätzendes Lächeln eintauschen. So sind sie doch, die Kinder, neben der abgrundtiefen Trauer wohnt das lustbetonte Lachen, und über allem schwebt die große Scheißegalheit. Über verwelkenden, alten und übel riechenden Menschen wie Ingeborg schweben nur noch große Wolken voller Scheiße, die sich langsam über ihnen und ihrem Leben entleeren.

Die Reaktion des kleinen Leon zeigt ihr, dass irgendwas nicht stimmt in ihrem Gesicht, dass die weibliche Lieblichkeit, die Ingeborg einst ausmachte, einer Verbitterung gewichen ist, fast einer sich durch ihr Gesicht artikulierenden, verzweifelten Einsamkeit. Ingeborg lebt mit der Einsamkeit eines Menschen, die keine richtige Einsamkeit ist, denn da ist ja jemand bei ihr, wenn sie die Wohnung betritt, aber dieser Jemand, der da bei ihr ist, ist nicht wirklich anwesend. Sein Körper liegt zwar im Schlafzimmer, während sein Kopf eine nicht einsehbare Landschaft bleibt. Der Arzt hat gesagt, er habe ein starkes Herz. Als ob Ingeborg das nicht gewusst hätte. Natürlich hat er ein starkes Herz, sonst wäre sie nicht mit ihm verheiratet.

Als sie mit schleppendem Gang den Supermarkt verlässt, sieht sie aus dem Augenwinkel das gut riechende, junge Mädchen, das in der Wohnung über ihnen lebt. Ihre Rothaarigkeit stemmt sie in Ingeborgs Wahrnehmung. Sie tänzelt durch den Markt, als sei das ganze Leben für sie voller Angebote und Optionen, die sie nur noch aus den Regalen zu pflücken braucht wie reife Kirschen. Plöp, plöp, plöp machen die reifen Kirschen, wenn man sie vom Baum zerrt. Ingeborg sieht dem jungen Mädchen hinterher, wie sie da so

34

tänzelt und wirkt, als sei Unheil ein Wort, das es in ihrem Universum nicht gibt.

Zwei Tüten hängen an ihren Armen herab. Es sind diese typischen Arme, die Frauen haben, die schon in jungen Jahren auf den Feldern Kartoffeln ernteten, so genannte Feldarme. Weißes Fleisch, leicht dicklich, keine erkennbaren Muskeln und ein Lappen Winkfleisch in der Größe eines handelsüblichen Schnitzels, der an ihrem hinteren Oberarm mal mehr und mal weniger rosa, immer aber schlaff herabhängt. Die Tüten an ihr machen Sinn, denkt Ingeborg auf dem Heimweg. Sinnvolles Tütentragen mit Feldarmen, das ist eines der letzten Dinge, die sie tun kann für sich und ihn. Auf dem Weg nach Hause denkt Ingeborg an das, was zuhause so rumliegt. Wäsche, Altpapier, Hermann. »Ich habe keine Angst vor dem Tod, meine Liebe, aber ich habe eine scheiß Angst vor dem Sterben«, hat er mal gesagt. Tot sein könne ja jeder, hat er dann gemeint, aber stilvoll sterben, das könnten nur die wenigsten. Ja, ja, der Hermann …

Als Ingeborg zuhause reinkommt, riecht es so, wie es bei alten Menschen riecht, immer nach ungewaschenen Sofakissen, ein bisschen zu schimmelig, um als Neutralgeruch durchzugehen, und mit einer Nuance Kartoffelwasser versehen.

Hermann atmet schwer. Aber er atmet. Solange er atmet, ist er bei Ingeborg. Seine neuen Medikamente machen seinen Atem zu einer chemischen Wolke, die den Raum erfüllt wie nichts Gutes. Nichts Gutes geht um, das merkt Ingeborg, als sie Hermann ansieht, der mit weit aufgerissenen Augen nach atembarer Luft schnappt, manchmal wirkt wie ein Fisch am Ufer, wie er da so starrt und schnappt, und er liegt da, und manchmal trifft sie sein Blick, aber meistens kommt da eine unglaubliche Leere aus diesem Blick, der einfach an ihr vorbeischlendert. Diese schlendernde Leere verbindet Ingeborg dann gerne mit Erinnerungen. Manchmal sind das ganz kleine Erinnerungen, die auch völlig aus dem Kontext des sonstigen Zusammenlebens gerissen werden. Hier eine kleine Umarmung, ein Geschehnis aus Sexualität und Harmonie, ein Gespräch, das sich traute, in der menschlichen Tiefe zu bohren, dort ein Streit, eine zugeworfene Tür und die Rückkehr eines Mannes, der nach Bier roch und einen unglaublich schönen Strauß Rosen mit sich führte. Das alles wirft Hermann ihr hin mit der Fülle der Leere seines Blickes.

Hermann und Ingeborg sind seit fast 60 Jahren verheiratet. Das Leben war bis vor kurzem ein gutes Leben, weil es leise und unauffällig war. Ingeborg und Hermann hatten keins dieser Leben, das nah am Bierfass gebaut war, nein, es war eher so ein Leben, in dem sich die Beteiligten jeden Morgen auf die immer gleiche Art und Weise anziehen und auch jeden Abend auf die umgekehrte Art und Weise auskleiden. Ein Leben, in denen die Beteiligten stets einen Fuß vor den nächsten setzen, früher ging das schneller, das mit den Füßen, heute manchmal gar nicht mehr. Es war ein Leben, auf das man zurückgucken kann und sich fragt, was da eigentlich los war, in diesem Leben, weil es mit wenigen Höhepunkten gefüllt war. Aber Ingeborg wird deswegen nicht traurig, nein, der Blick in die Vergangenheit und die Unauffälligkeit ihres Lebens machen sie sogar sehr zufrieden. So ein lautes und schrilles Leben, das hatten die anderen, für Hermann und Ingeborg war immer nur die Kontinuität wichtig. Weiter. Immer weiter ging dieses Leben, eher in die Länge als in die Tiefe.

Und jetzt liegt er hier und stirbt. Einfach so und in einer Geschwindigkeit, dass man ihm dabei zusehen kann. Das tut weh, dieses Zusehen beim Sterben, aber Ingeborg guckt genau hin, wie Hermann stirbt. Sie registriert jede seiner körperlichen Veränderungen und speichert alles ab. Jede noch so kleine Kerbe in seinem Gesicht, jedes Röcheln, dass anders klingt wie das Röcheln des Vortages, wird von Ingeborg aufgesaugt. Schließlich ist Hermann ihr Mann, und eine gute Ehefrau begleitet ihren Mann auch in diesen Stunden, in denen die Luft so dünn ist wie sie unsichtbar ist.

Das mit dem Sterben ging los, als Hermann einen Schlaganfall erlitt. Sie saßen beim Mittagessen, die Ingeborg und der Hermann, und er schlürfte langsam Suppe, langsam und laut, und jedes intensive Schlürfen, dass sie damals nervte, vermisst Ingeborg heute zutiefst. Heute schlürft Hermann nicht mehr. Heute liegt er nur da und starrt in unendlicher Hilflosigkeit Dinge an, die sein Gehirn einzuordnen versucht, und dann scheitert. Also, Hermann schlürfte die Suppe in der ihm eigenen Langsamkeit und plötzlich ließ er den Löffel fallen und sein Kopf fiel in die Suppe, die nach allen Seiten wegspritzte. Sein Gesicht lag dann im Teller und Ingeborg bewegte sich in der ihr eigenen Schnelligkeit zum Telefon, sie wusste, dass etwas Schlimmes passiert war mit Hermann, er wurde doch sonst nicht einfach so in die Suppe fallen. Wer in die Suppe fällt, wird einen triftigen Grund vorweisen können, dachte Ingeborg, und dann kam der Notarzt und sie trugen Hermann auf einer Trage aus dem Haus, die Stockwerke hinab, und er sah aus, als wäre er bereits verstorben, doch das war er nicht. Ingeborg vertraute ihrem Hermann, sie wusste, dass wenn er ginge, er sagen würde, dass er nun ginge, er würde sich nicht einfach so würdelos durch einen Suppenfall hinfort schleichen wie eine feige Ratte.

Als Ingeborg Hermann im Krankenhaus besuchte, sah er nicht mehr aus wie Hermann. Spucke lief aus seinem halbseitig gelähmten Gesicht, das seinen kompletten Ausdruck verloren hatte. Der Rest von Hermann war gelähmt, dumm, kaputt, verwirrt und irreparabel beschädigt. Seine Hülle wirkte wie irgendwas Liegengelassenes, zu lange Gelagertes oder während des Verschimmelns Vergessenes.

In einem Gespräch mit einem jungen Arzt mit viel zu eng zusammenstehenden Augen, sagte dieser Arzt ganz klar, dass er nur zum Sterben zurückkäme. Worte wie Ohrfeigen. Die Wahrheit sickerte wie zähe Flüssigkeit in Ingeborgs Innenleben. Das sollte sie ganz klar wissen, und der junge Mediziner fügte hinzu, dass da eine Lawine von Pflegetätigkeiten auf Ingeborg zurollen würde. Er fragte sie mit dem Blick, gemischt aus Gebrauchtwagenhändler und Hollywoodfilmstar, ob sie sich das denn zutrauen würde. Auf seinem Tisch lagen Prospekte von privaten Seniorenheimen, auf die er seine Hand gestützt hatte, das erkannte Ingeborg sehr genau. Irgendwelche Hochglanzfotos strahlender Residenzen des schmeichelhaften Alterns in gepflegtem Ambiente waren da auszumachen und versuchten, Ingeborg hinter vorgehaltener Hand davon zu überzeugen, ihren Hermann einem dieser Heime zu überantworten.

Der Arzt zählte auf, was bei Hermann alles kaputt sei. Sein Sprechen wäre ausgefallen, die Schließmuskelkontrolle, die meisten seiner Bewegungen und sein Denken und Wissen, das alles wäre durch den Schlaganfall in Mitleidenschaft gezogen worden. Ingeborg verstand kaum, was der Mann im weißen Kittel da sagte, wusste aber, dass Menschen, deren Augen zu eng zusammen stehen, nicht unbedingt vertrauenswürdige Geschöpfe sind. So was wird nur von Alkoholikern oder Mischlingshunden gezeugt. Von so einem Mischlingshund mit eng zusammenstehenden Augen wurde Ingeborg als Mädchen einmal gebissen, und ein Trunkenbold mit ebensolcher Gesichtsauffälligkeit ist ihr einst beim Schützenfest zu Nahe getreten, so dass Hermann »aus dem Hals« sprechen musste, um den Wüstling zu vertreiben und ihm eine Prise Anstand mit auf den Weg zu geben. So einem Geschöpf also ist auf keinen Fall zu glauben, wusste Ingeborg also, nachdem sie in ihrer Erfahrungskiste gekramt hatte, und so lag die Entscheidung nahe, Hermann mit nach Hause zu nehmen, um ihn bis zu seinem Ende dort pflegen zu können.

Ingeborg hatte außerdem ein einschneidendes Erlebnis, als sie von eben jenem Arzt mit den zu weit zusammenstehenden Augen überredet wurde, ein Seniorenheim zu besichtigen, das er ihr zur Unterbringung Hermanns empfehlen könne. Er hatte sie überredet, sich das mal anzusehen, einfach nur mal so, und Ingeborg hatte irgendwie die Kraft gefehlt, ein »Nein« über die Lippen zu pressen, da sie ihren Hermann zu Hause haben wollte. Diesen Willen hatte sie, konnte ihn aber zum passenden Zeitpunkt nicht artikulieren. Sie war es in ihrem Leben nicht gewohnt gewesen, viel Widerspruch zu leisten.

Kurz darauf also saß Ingeborg mit dem Heimleiter in einem warmen Büro, und der Mann, der ihr gegenübersaß, versuchte, mit warmen Worten und heißem Kaffee Überzeugungsarbeit zu leisten. Er schilderte die angenehme Wohnsituation, den hohen Pflegestandard und die wunderbaren Freizeitmöglichkeiten. Aber Ingeborg merkte sehr schnell, dass er an Hermanns Bedürfnissen vorbeiargumentierte, denn was sollte der vom Schlag angefallene Hermann mit christlichen Liederkreisen, ehrenamtlichen Zeitungsvorleserinnen und der ewig grünen Parkanlage vor der Haustür, wenn er gesichts-, körper-, und wahrscheinlich auch gedankengelähmt in einem Pflegebett lag und nichts mehr alleine tun konnte. Der Heimleiter und Ingeborg gingen dann einige Schritte durch einen steril riechenden Gebäudetrakt, der Ingeborg trotz dem halb ernst gemeinten Versuch, irgendwie Wohnatmosphäre herzustellen, wie ein Krankenhaus vorkam. Nach wenigen Schritten klingelte das Handy des Mannes und er machte so eine seltsam überhebliche Entschuldigung-ich-muss-mal-telefonieren-ist-bestimmt-super-wichtig-vor-allem-aber-wichtiger-als-ihrer-Langsamkeit-zu-entsprechen-und-ihnen-jetzt-hier-alles-zu-erklären-Geste und entfernte sich in schneller Gangart ein paar Schritte von Ingeborg. Sie ließ dann ihren Blick schweifen, und dieser fiel auf eine halb geöffnete Tür. An dieser vorbeisehend, erfasste ihr Blick ein halbes Zimmer. Sie sah die Hälfte einer nackten Frau, die zitternd auf einem Toilettenstuhl saß, während hinter ihr ein junger Mann, wahrscheinlich ein Praktikant, auf dem Bett saß und gelangweilt auf sein Handy schaute. Der Junge hatte eine Frisur, die Ingeborg an eine Vogelart denken ließ. Die Frau hatte einen stark geröteten Kopf, wahrscheinlich war sie im Begriff, Verdauung zu praktizieren. Knapp daneben sah Ingeborg eine weitere komplett entkleidete Frau, die in einem Pflegebett lag, an die Decke starrte, während ihr ein weiterer junger Mann mit einem

40

Waschlappen über die nackte, schlaffe Brust fuhr. Es wirkte, als wüsche er ein Auto oder eine Bank, aber nichts, was irgendwie Gefühle oder Angst haben kann. Als der Heimleiter zurück zu Ingeborg kam und ihr ein Grinsen entgegen warf, das selbst Profidauergrinser wie Hansi Hinterseer zu melancholischen Gestalten gefrieren ließ, war sich Ingeborg sicher, dass Hermann in ihrer gemeinsamen kleinen Wohnung sterben würde. Sie fühlte sich so, als müsse sie dem Heimleiter etwas Schweres ins Gesicht werfen, etwas, was sehr weh tut und unansehnliche Gesichtsnarben hinterlässt, aber sie lachte ihn lediglich affektinkontinent an oder aus und drehte sich einfach wieder um und ließ ihn ratlos stehen. Er rief ihr noch etwas hinterher, was aber so voller falscher Güte war, das Ingeborg fast kotzen musste. Auf dem Weg nach draußen kamen ihr so unglaublich viele traurige Gesichter entgegen, dass Ingeborg einfach nach Lächeln war.

Drei Tage später stand im Wohnzimmer ein Pflegebett auf Rädern, und darin lag der Mann, den Ingeborg liebte. Er röchelte. Er würde sterben. Langsam. Jeden Morgen und jeden Abend kam ein Mitarbeiter eines mobilen Pflegedienstes zu Hermann, um ihn zu waschen, zu windeln und zu lagern. Ingeborg schaute sich das alles genau an, wie die Pflegedienstmitarbeiter an Hermann herummachten, um ihn zu säubern und oberflächlich schön zu machen. Da er nicht mehr essen konnte, hatte man ihm im Krankenhaus eine Magensonde gelegt, durch die nun Flüssignahrung in seinen Organismus lief.

Hermann ist nie ein romantischer Mann gewesen, was Ingeborg immer ein wenig fehlte. Sie hatten nie das, was man einen herzlichen Alltag nennen konnte, nein,

41

Hermann ist ein stiller Mann gewesen, auch schon vor seinem Schlaganfall, der jetzt seine Stille auf die Spitze treibt. Blumen gab es nur zum Geburtstag, sonst ausnahmslos nie. Das Leben von Hermann und Ingeborg war so ritualisiert, wie so ein Leben nur ritualisiert sein konnte. Aufstehen, Frühstück ohne Gespräche, dafür mit Volksmusik und Zeitung, Abschiedskuss beim Butterbrotdose und Thermoskaffeekanne überreichen, Hermann durch die Tür und zur Arbeit, Ingeborg zu Hause, Hermann zurück mit müdem und überarbeitetem Blick; Essen, Schweigen, Konstanz. Es ist eine stille und würdevolle Art, in der sich die beiden lieben. Auch jetzt, wo Hermann eigentlich ohne Würde vor ihr liegt, wie eine Leiche, die noch nicht weiß, dass sie tot ist. Es sieht in der Tat für Ingeborg so aus, als sei Hermann gestorben, ohne wirklich schon tot zu sein. Es ist eigenartig, dieses Gefühl beim Betrachten Hermanns, der aus seiner Rolle des sitzend Schweigenden entkommen ist und in die des liegend Schweigenden gewechselt hat. Außergewöhnlich für ihn, der immer in einem Kettenhemd aus Struktur gelebt hatte, der immer den gleichen linksseitigen Scheitel trug, solange Ingeborg ihn kannte. Ab und an macht sie jetzt dem liegenden Hermann einen Mittel- oder einen Rechtsscheitel, nur um das aus-der-Struktur-gefallen-sein zu unterstreichen. Hermann sagt nichts dazu, er starrt, wenn er die Augen mal geöffnet hat, tote Blicke durch die Raum, die so undurchdringbar wie Betonmauern sind. Wenn Ingeborg ihm die Haare anders kämmt, als er es sonst immer tat, fühlt sie sich kurzfristig ein bisschen schlecht, aber weil eine Resonanz ausbleibt, lässt sie es dann doch so, ein stiller Protest gegen die Abartigkeit einer Struktur, die beide gemeinsam in ihr Leben zementiert hatten. Ingeborg ist sich nicht mal sicher, wenn sie protestiert, wogegen sie überhaupt sein sollte. Das mit dem Kämmen passiert unbewusst, und sie wundert sich still darüber, und die stille Verwunderung macht sie irgendwie zufriedener als kurz zuvor.

Das letzte Mal, als Hermann etwas sagte, was nicht erwartbar, nicht standardisiert und irgendwie überraschend daher kam, war es: »Ingeborg, hast du mal hingeschnuppert, wie es riecht, wenn das Mädchen von oben durchs Treppenhaus läuft. Die riecht wie eine Frühlingswiese. Richtig schön, oder?« Es war eine Woche, bevor sein Kopf in die Suppe fiel, dass er diesen Satz von sich gab, und Ingeborg erkannte darin die Besonderheit des Mannes, für den sie das Gefühl hegte, dass sie für Liebe hielt. Sie konnte darauf nichts antworten, sie hatte diesen Geruch noch nie bemerkt.

Guck mal an, denkt Gott, das sind also die Leute, die an mich glauben. Privilegierte Bibeltreue. Das sind dann immer die Erstauntesten, wenn sie ins Nichts gedroppt werden. Diese leisen Greise voller Scheiße, dass sind die, die auch im Krieg in einer dieser muffigen Kirchen Zuflucht suchen und sich da vor fallenden Bomben sicher fühlen würden. Diese sich-um-den-Verstand-Beter, die, die denken, ihre antrainierte Spiritualität hätte einen Zielort. Diese Paradiesasylanten, die denken, dass man sich durch einen riesigen Berg Scheiße graben muss, um am Ende doch eine Art Belohnung dafür zu erhalten. Diese Irrlichter, die glauben, sie wären tolerant, tolerant, bis sie Andersgläubigen begegnen. Geht sterben. Da ist nichts. Und wenn's geht, geht vor dem Sterben noch etwas leben.

Der Geistigbehinderte ist die Centwährung des Humankapitals

Roy sitzt in einem großen Raum mit hoher Decke und gibt Schrauben in Tüten und Tüten in Eimer, beleuchtet von Neonlichtröhren, die, wenn man sie nur lange genug beobachtet, ab und an unrhythmisch flackern. Das ist so ein ganz unscheinbares Flackern, man muss die Leuchtstoffröhren lange genug fixieren, und irgendwann beginnen sie mit diesem Zucken. Draußen scheint die Sonne ein stilles, aber dominantes Gelb in die Umgebung, eines, dass an die FDP oder Eigelb erinnert, denkt Roy. Dieses Gelb strahlt draußen alles voll, und hier drin ist nur der Schein der Neonröhren und das Wirken am großen Leben unbeteiligter Leute.

In seinen plumpen Händen hält er eine kleine Plastiktüte und eine Schraube, und weil es so etwas wie ein Normalsierungsprinzip gibt, muss Roy die Schraube in die Tüte geben und dann noch eine und dann noch eine und noch ein paar weitere, und ein anderer Mann, der auch irgendwo hier im Raum sitzt, gibt dann noch eine handvoll Plastikringe hinein. Irgendjemand, den Roy nicht kennt, wird dann diese Tüte zuschweißen und zu anderen Tüten legen, die er verschweißt hat. Dann werden die Tüten zu anderen Leuten gefahren, die Holzteil-Bausätze für Schränke herstellen, und diese fügen die Tüten in die Verpackungen mit den Schrankteilen. Irgendwann wird dann irgendein Mensch in irgendeinen Laden gehen und sich einen Schrank ausgesucht haben, den in seinen Kleinwagen stopfen und nach Hause fahren. Dort angekommen wird er alle Teile auf den Parkettfußboden auslegen, und dann wird er beginnen, diesen Schrank aufzubauen und sich darüber freuen, dass die passende Anzahl Schrauben beiliegt. Wenn sie nicht beiliegt, wird er irgendwo schnell Schuldige suchen, seine Frau und seine Kinder anschreien, sich wünschen, nie geheiratet und Kinder gezeugt zu haben, den Schrank verfluchen, sein Leben verfluchen und unbedingt auf die schnellste und aber doch schmerzvollste Art sterben wollen. Roys Arbeit hat also eine gewisse Relevanz, aber eigentlich ist es eine Beschäftigungsmaßnahme in einer Werkstatt für geistig behinderte Menschen.

Roy gibt Schrauben in Tüten und Tüten in Eimer und weiß: Es gibt den so genannten ersten Arbeitsmarkt, und es gibt das hier, diesen irreführenden Versuch, den Schrecken der Normalität zu imitieren. Ziel dieser Werkstatt für behinderte Menschen ist die Wiedereingliederung derer, die hier arbeiten, in den so genannten »ersten Arbeitsmarkt«, aber wenn Roy sich so umguckt, dann weiß er nicht zu sagen, wer von diesen Geschöpfen hier im Raum jemals imstande sein wird, irgendetwas anderes zu arbeiten, als das hier. Und dann gibt es die, die sich damit abgefunden haben, und es gibt die, denen eh immer alles zu schwer ist, und Roy fragt sich, ob es noch welche wie ihn gibt, also Beschäftigte, die sich ein Leben außerhalb dieser Werkstattmauern vorstellen können, also einfach die Freiheit als Freizeit zu definieren. Roy steckt wie ein automatisierter Roboter kleine Schrauben in kleine Plastiktüten und wünscht sich, es würde endlich was passieren. Was genau das sein soll, weiß er nicht, aber es soll mit der Vergrößerung seines Lebens einhergehen, mit der Optimierung seiner Gefühle. Roy will sich als Mensch da draußen kennenlernen, als jemand, der endlich die Zeit hat, die Erfahrungen zu machen, die ihm fehlen, und diese Arbeit, so denkt er, stellt ein Hindernis in dieser Richtung dar. Weiterhin gibt er Schrauben in Tüten und Tüten in Eimer und vielleicht vergeht gerade der Zeitpunkt, der sein Leben anders machen könnte, wenn er nur aufstehen, die Halle verlassen und ein Leben als Freizeitaktivist beginnen könnte. Roy gibt Schrauben in Tüten und Tüten in Eimer.

In einer Ecke sitzt in einem Rollstuhl Bettina und verdreht komisch die Augen, es wirkt, als ob ihre Zunge viel zu dick für ihren Mundraum ist, als würde Bettina an ihr ersticken. Die Geräusche, die sie macht, wollen auch nicht unbedingt lebensbejahend klingen. Betty denkt, denkt Zeug. »*Ach, wäre das jetzt schön, zu verschwinden, das hier alles vorher in Brand gesteckt zu haben und den jungen Praktikanten, der mit den kleinen Händen, der immer so komisch guckt, wenn er meine Muschi von Kotresten befreit, also den überzeugen, dass wir einen offenen Van klauen, ich auf die Ladefläche hinten und er vorne am fahren. Dann Vollgas, weit weg, und dann noch kurz an einem Kiosk halten, Süßigkeiten und Kaffee kaufen. Klebrig süßen Stoff wollen wir uns einverleiben, und wir fahren weiter, weiter Richtung Meer. Ich esse zuerst eine Wunderkugel, die beim*

*Lutschen ständig ihre Farbe ändert, dann einen Colakra-
cher, der sich nach dem Zerbeißen anfühlt, als hätte man
kleine saure Scherben im Mund. Wir machen Pause und
lassen uns auf eine Wiese fallen, die aus Schokopudding
besteht, wir essen zunächst ein Loch in die Wiese, in das
wir langsam reingleiten und irgendwie Liebe machen. Der
Praktikant reitet das spastische Pony. Mehrfach. Ein Bett aus
Zauber und Phantasie, ich bin betrunken von dem Gedanken, dass es jetzt tausend Jahre so weitergeht. Der Pudding
dringt in jede Ritze ein, in jede Pore, füllt jedes Loch. Überall nistet sich Hoffnung ein, in jeder verdammten Öffnung
ein Keimling. Im Viertelstundentakt machen wir erbärmlich
gute Körperliebe, mittlerweile ist dem Praktikanten auch
meine Muschi bekannt und er isst Schokopudding aus ihr.
Seine roten Wangen verraten seine Euphorie. Wir verschlin-
gen gierig alle Unsicherheiten. Fahren irgendwann weiter.
Der Bus ist warm, wir sind immer noch nackt und voller
Schokoladenpudding. Es gibt nirgendwo mehr Grenzen,
nicht zwischen Deutschland und Holland, nicht zwischen
Frauen mit Rädern und Jungs mit Füßen, nicht zwischen
ihm und mir. Jede halbe Stunde halten wir an und lecken
uns nass, als ob wir Fische wären, die aus dem Aquarium
gefallen sind und jetzt Feuchtigkeit auf den Schuppen be-
nötigen, um zu überleben. Aber halt, denke ich zwischendurch, ich bin doch ein Wrack, eine erbärmliche Behinderte
und der Junge leckt an mir, wie an irgendwas Erotischem,
und dann denke ich: Fuck it! Und wieder wird der spastische Körper gebumst, als gäbe es nur diese eine Möglichkeit,
das zu tun. Und ich lache, lache laut und der Praktikant hat
einen Röntgenblick und guckt durch mich durch, zerschnei-
det mich in zwei Teile in seinem Blick und ich fahre meine
Arme aus, die längsten Arme der Welt, Go Go Gadgeto und*

so, distanzüberschreitend, liebreizvermittelnd, sehnsuchts-
bekämpfend, zweifelsüberwindend. Eine Idee von Einheit.
Wenn wir dann weiterfahren, raucht der Praktikant, und
sein rot gefickter, nasser Pimmel sieht aus wie eine mutierte
Nacktschnecke. Ich gönne mir weiter unzensierte Gedanken
und ich rieche das Meer, hier werden wir leben, der Junge
und ich und ...« »Bettina hat sich schon wieder eingeko-
tet«, sagt der junge hektische Praktikant, und genervt und
leicht aggressiv nimmt er ihren Rollstuhl und schiebt sie,
leise fluchend, aus dem Raum. Wenn Bettina es könnte, sie
würde lächeln.

Roy hat Durst. Die Zeit scheint zu vertrocknen. Sekunden
zerfallen wie Staub im Raum, der auf die abgehängten
Neonröhren fällt. Die Sekunden zerfallen unglücklich ob
der Sinnlosigkeit ihres Vergehens. Viele von Roys automatisierten Handlungen laufen in die völlige Leere und er ist
bei vollem Bewusstsein und sieht seine Lebenszeit zu einem Klumpen miefig riechender und abgestandener Fäul-
nis zusammenschrumpfen, und der Klumpen beginnt ein
gammelartiges Stinken, und so einen Klumpen sein Leben
nennen zu müssen und gleichzeitig Schrauben in Tüten
und Tüten in Eimer geben zu müssen, quält Roy. Diese Sze-
nerie wirkt, als ob die über diesen Arbeitsraum geworfene
Decke der Normalität genau das wäre, was hier ein jeder
benötigt. Als ob es einer Schablone bedürfte, in die die einzelnen Mitarbeiter hineingepresst und zu funktionierenden
Werkzeugen erzogen wurden. Die raue Oberfläche des Zeit-
vergehens verkrustet zusehends. Da, wo es noch Wünsche
und Träume gibt, gibt es auch Medikamente dagegen. Uni-
formierte Arzneien bewachen Konformität. Und alle geben
Schrauben in Tüten und Tüten in Eimer.

Das ist die Qual dieser Tage: Draußen findet das Leben ohne einen statt, das satte, gelbe Leben, das sich durch die engen Gassen der Vor- und Nachmittage schlängelt und dann in Abenden und Nächten mündet, denen laut Roys Gedanken so viel Leben inne wohnt, dass man damit Schlachtfelder restaurieren könnte. Draußen ist also alles anders als hier drinnen, wo es Dinge zu verrichten gibt, die keinen, der sie verrichtet, etwas angehen. Niemand hier hat je einen fertigen Schrank gesehen, für den hier das Befestigungsmaterial eingetütet wird.

Wäre er nur ein wenig sedierter, denkt Roy manchmal, nur ein wenig weltfremder und gefühlloser, dann würde diese Arbeit einfach nur vergehende Zeit sein, aber so ist sie vergehende Zeit, gefüllt mit fetter Sehnsucht nach der Erfüllung anderer Möglichkeiten. Die anderen Möglichkeiten halten sich alle draußen auf, finden nicht in dieser Drinnenwelt statt, in der es nur diese sinnfreien Betätigungen gibt.

Von seiner in einer hinteren Ecke stattfindenden Position aus kann Roy erkennen, dass da viele diese Arbeit tun, einige mit Freude, andere unter Schmerzen, aber alle tun diese Arbeit, alle packen kleine Schrauben in kleine Tüten und werfen sie anschließend in kleine Eimer, die dann von Praktikanten weggetragen und in einen etwas größeren Eimer gegeben werden. Die Praktikanten sehen alle so aus, als ob sie nicht für die Arbeit geboren wären, sie sind auch eher für eine Freizeitgesellschaft geboren, die zwischen den Polen Flatratesaufen und dem gepflegten Abknallen von Monstern am PC stattfindet. Ständig sind sie übermüdet, und ihre behäbigen Schritte, die sie durch die Halle wagen, drücken alle die Tatsache aus, dass da viel zu langsame Geister in einer viel zu schnellen Welt unterwegs sind.

Bestätigende Geräusche der beständigen Beschäftigung ist ein metallisches Klappern, das Zeugnis der Schrauben, die in einen Eimer geworfen werden. Die Gespräche sind hier sehr minimalisiert, Mitarbeiter der Werkstatt laufen durch die Reihen, versuchen, Arbeitsprozesse in verständnisresistente Gehirne hineinzuartikulieren, und manchmal quiekt wer oder lacht oder hustet durch den hohen Raum, und Roy langweilen die Menschen. Obschon die Menschen hier sehr besonders sind, ob ihrer ohnehin nicht gesellschaftlich anerkannten Arbeitsleistung. Deswegen sitzt man hier, in dieser »Werkstatt für behinderte Menschen«, wie es politisch korrekt ausgedrückt heißt. Roy langweilen diese Leute, weil er einer von ihnen ist, einer derer, die mit einer kuriosen Optik und einem verknappten Intellekt ausgestattet in diesen Räumlichkeiten ihren Pflichtbeitrag zur Gesellschaft leisten müssen. Man packt Schrauben in Tüten und wirft Tüten in Eimer. Das geht. Das funktioniert. Roy ist nach Rumbrüllen zumute, nach Artikulation seines Freiheitswunsches, die Schrauben quer durch den Raum, den Eimer hinterher und brüllen, bis die Stimme weg bricht. Aber was würde das bringen, er wäre nur einer von weiteren auffällig gewordenen Behinderten, einer, über den man dann Mutmaßungen anstellen würde, was ihn zu dieser obskuren Tat trieb, und man würde seine Behinderung und sein Sozialleben in den Fokus nehmen und die Dummheit und Bescheidenheit seiner Tätigkeit außer acht lassen. Außerdem mag Roy Schreien nicht, es ist wie sprechen ohne denken, also schweigt Roy, weil er weiß, dass auch Sprechen zu nichts führen würde, und er tut Schrauben in Tü-

50

ten und Tüten in Eimer, und die Zeit schleicht wie eine orientierungslose Eidechse durch den Raum und wirkt, als habe sie sich verlaufen, weil es manchmal so erscheint, als mache sie auf einen Schritt nach vorn gleich zwei wieder in die entgegengesetzte Richtung.

Dann passiert was. Ja, endlich passiert was. Jemand schreit. Dadurch animiert schreien vier weitere. Einfach so, weil niemandem von denen, die schreien, eine adäquatere Reaktion auf die Lärmverursachung einfällt. Ein epileptischer Anfall passiert einer jungen, schutzbehelmten Frau, die wie ein langsam fallender Baum von ihrem Stuhl auf den Boden gleitet, fast zeitlupenungeschwind, und dort arhythmisch zu zucken beginnt, und dabei läuft ihr Speichel quer durchs Gesicht und sie beißt sich auf die Zunge, und da kommt ein roter Faden Blut mit durch den Speichel und irgendein Mann kommt daher gelaufen und bückt sich zu ihr hinunter. Überprüft den Status und die Länge des Anfalls, während der Körper der jungen Frau sich wie unter akzentuierten Stromschlägen aufzubäumen scheint. Der Herbeigeeilte ist ein Mitarbeiter, und seine Behandlungsweise, die er der jungen Frau zukommen lässt, wirkt wie ein routinierter Arbeitsschritt. Er achtet darauf, dass keine Gegenstände, an denen sich die junge Frau eventuell selbst beschädigen könnte, irgendwo herumstehen und lässt sie dann im freien Raum auszucken. Das Gesicht der jungen Frau entgleist und weist den Ausdruck von etwas schier der Welt entrücktem auf. Roy kennt Johannas Anfälle.

Einige arbeiten weiter, andere benutzen die Ablenkung durch diesen Zwischenfall, um ihrerseits Lautäußerungen zu machen, weil ihnen sonst nichts einfällt, ihr Mitgefühl auszudrücken. Eine dicke Frau mit einer grünen Mütze, auf der Werbung für Traktoren und andere Landmaschinen stattfindet, murmelt: »Arme Johanna, die arme Johanna, Johanna, die Johanna, arme Johanna, die Johanna, die, die, die, die Johanna, arme Johanna ...« Es klingt wie ein Gebet, das niemand je empfangen wird. Johannas Zucken wird nach zwei Minuten etwas weniger, ihre Gesichtszüge werden ruhiger, der Helfer hat sich ein gutmütiges Lächeln ins Gesicht gestemmt, was das Erste sein wird, was Johanna, nach dem Anfall sehen wird. Johanna bleibt noch ein wenig auf dem Boden liegen, liegt da und atmet heftig wie eine Elefantenkuh nach dem Kalben, und der Mann weist einen Praktikanten an, die Spucke und das Blut vom Boden zu wischen, was dieser mit etwas Widerwillen erledigt. Ewig diese flüssigen Hinterlassenschaften dieser unselbstständigen Leute, die außer Kontrolle geraten sind, denkt sich der Praktikant noch, putzt und desinfiziert den vollgemachten Bereich, und dann wird Johanna aufgeholfen. Sie wirkt noch ein wenig benommen, wie ein zu Boden gegangener Boxer, der mit gezielten Kopfschlägen zertrümmert werden sollte, und wird auf ihren Sitzplatz begleitet, wo sie auch unverzüglich mit ihrer Arbeit beginnt. Auch sie gibt Schrauben in Tüten und Tüten in Eimer und freut sich ihrer Beschäftigung. An ihre Anfälle erinnert sie sich, nach dem sie geschehen sind, nicht mehr, spürt nur eine mittelschwere Erschöpfung im Kopf und im Bewegungsapparat, denkt sich aber nichts Böses oder gar Epileptisches dabei. Da ist immer eine Art Erschöpfung in Johannas Kopf, immer eine Erschwernis zu denken, und ein paar Steine trägt sie im Kopf, die ihre Bewegungen verlangsamen. Johanna arbeitet weiter, arbeitet einfach weiter, weiß nicht, dass sie eben auf dem Boden lag, sondern macht weiter mit den Schrauben und den Tüten, etwas langsamer als

52

zuvor, aber das Weitermachen mit automatisierten Handlungen wirkt wie eine Serienwiederholung, die sie aber nicht zu langweilen scheint.

Mit der Epileptikerin Johanna hatte Roy seine ersten sexuellen Erfahrungen. Das war vor vier Jahren und machte Roy mit der Tatsache vertraut, dass alles, was ihm bislang von seinen Eltern, Lehrern und sonstigen Weisungsbefugten über Sexualität erzählt worden ist, nicht stimmte. Johanna war immer schon ein enorm sexuell aufgeladenes Wesen gewesen, ein hormonspritzendes Biest, immer auf der Suche nach leichten Opfern. Roy hat das gewusst, und da er als ein Naivling gilt, trug es sich in einer Mittagspause zu, dass Johanna den schweigenden Roy an die Hand nahm und ihn ins Materiallager führte. Niemandem fiel das auf, denn in der Mittagspause rannten eh immer alle durcheinander und der Zutritt zum Lager war zwar verboten, allerdings kannte Johanna eine Tür, die nie verschlossen war. Sie führte Roy zu den Fässern, blau waren die und die standen da nebeneinander und waren hüfthoch. Es waren die Fässer, in denen die Schrauben in die Tüten aus den Eimern gelagert werden. Roy war nervös, er wusste, was jetzt kam, und er fragte sich gleichzeitig, wie sich das alles anfühlen würde. Er hatte Leute von Johannas Schamhaaren schwärmen hören und von der Tiefe und Enge ihrer Muschi, aber die Leute, die davon erzählten, schienen schon allerhand Vergleichbares erlebt zu haben. Für Roy würde es der erste Kontakt mit Schamhaaren und einer Muschi werden, und vor Aufregung klopfte irgendwas in seinem Kopf in der Geschwindigkeit seines wild rotierenden Herzens. Johanna zog schweigend ihre Hose aus, faltete sie ordentlich und legte sie auf den Boden neben eins der blauen Fässer. Dann zog sie ihren Slip aus, auf dem vorne eine mittlerweile durch häufiges Waschen leicht vergilbte Micky Maus zu erkennen war, und buschiges Schamhaar kam zum Vorschein, das etwas nach Urin roch. Die Unterhose warf Johanna auf ihre Hose, und Roy erkannte bei flüchtigem Hinsehen einen dicken brauen Kackstreifen darin. Johanna rieb an ihrem Genital herum, mal verschwand ein, mal verschwanden zwei Finger im Pippibusch. Unter diesem dichten nach Pippi müffelnden Gebüsch vermutete Roy ihr Genital, ihre Muschi, den vielbeschriebenen Eingang in die Art von Himmel, den man schon zu Lebzeiten kennenlernen konnte. Roy gaffte das an, was Johanna ihm da präsentierte und sah, dass das dichte, bräunliche Schamhaar nicht nur ihre Körpermitte bedeckte, sondern auch die Oberschenkelinnenseiten, sowie die Region um ihren Bauchnabel bevölkerte. Johanna setzte sich nun auf eines dieser blauen Fässer und öffnete ihre behaarten Beine, und Roy erkannte rosa Schamlippen, irgendwo im dichten Geäst der Schambehaarung. Er musste aber schon genau hinsehen, um im muffigen Dickicht von Johannas pissedurchtränkter Intimbehaarung überhaupt etwas anderes als eben jene pissedurchtränkte Intimbehaarung zu erkennen. »Teck den Pimmel rein!«, befahl die Johanna dem Roy und zog sich ihren linken Mittelfinger aus der Muschi, der nun im Neonlicht der Lagerhalle feucht glänzte. Es sah aus wie Bratfett und roch auch ein wenig so, fand Roy, und er stand da immer noch, ganz verloren, und langsam zog er seine Hose aus, dann seine Unterhose, legte sie langsam und bedächtig zu Johannas Sachen. Seine Erektion war keine Erektion wegen Er- sondern eher eine wegen Aufregung. Eine Aufregungserektion. Diese verbarg der Roy dann in der Johanna und sie schrie einen schrillen Schrei und furzte laut. Das Verbergen der Erektion in Johanna hatte Roy komplett den Verstand ausgeknipst, und er tat, was Menschen tun, wenn die Übermacht der Triebe über sie herfällt. Die auf der blauen Tonne sitzende Johanna wackelte lustig hin und her und freute sich offensichtlich. Ab und zu furzte sie und verteilte somit faulen Eiergestank in der Lagerhalle. Dann biss sie Roy in die Schulter, und er biss zurück ins poröse Leder ihres Epileptikerschutzhelms. Roys Samen sackte stoßweise in Johannas Pissloch. Dann war die Sache auch schon zuende, und Roy fühlte eine Mischung aus Unbehagen, aufkeimendem Ekel und trotz allem eine gewisse Erhabenheit.

Die Mittagspause war dann beendet. Roy fühlte anschließend ein Gefühl, gemischt aus den Zutaten Verstörung und einer inneren Verletzung, die aber wohl daher rührte, dass Johanna ihn anschließend weder eines Blickes noch irgendeines Gefühls würdigte. Als Roy also wieder bei maximal möglichem Verstand war und das Explosionsgefühl seiner Samenspende überwunden hatte, kamen zweifelhafte Gefühle in ihn, die alle die Intention hatten, seine Romantik in Frage zu stellen. Die Gefühle machten Roy traurig, aber er konnte sich ihrer nicht erwehren, die kamen einfach so, als der Verstand zurück in seinen Mongoschädel kam und er sich wiederfand an einem Platz, an dem er Schrauben in Tüten und Tüten in Eimer gab.

Zurück in der Gegenwart. Innerhalb von ungefähr sieben Minuten hat sich alles wieder normalisiert, die Arbeit wird wieder aufgenommen, selbst Johanna wirkt wie ein gut geölter Roboter und Schrauben werden in Tüten gegeben, die in Eimer gegeben werden und Roy guckt aus seiner hinteren

Ecke seinem Leben beim Vergehen zu. Dabei empfindet er ungefähr den Zustand, den er, seit er ihn kennenlernen durfte, täglich in Johannas Unterhose vermutet. Er empfindet den Gestank von langsam vor sich her siechendem, stetig tröpfchenweise sickerndem Urin, durch den ab und an eine muffige Gaswolke weht, die Streifen hinterlässt. Wer so ein Leben lebt, welches an dem Gefühl rührt, durch derartigen Geruch gekennzeichnet zu sein, der wünscht sich wahrlich eine große Behinderung mit Scheißegalfaktor, wie Johanna sie hat, oder aber eine flinkes Dahinscheiden. Oder aber ein ganz anderes Leben, das noch erfunden werden muss.

Jede scheiß Sekunde tickt laut in Roys Kopf, lacht ihn aus, verlacht ihn wegen seiner Behinderung, wegen dieser Arbeit, wegen allem, was er ist, und auch aufgrund der Tatsache, dass sich Roy gerne Hoffnungen hingibt. Hoffnungen, so meinen die Sekunden, halten euch beschissene Uhrenbenutzer doch nur von der Realitität, also vom wirklichen Leben fern. Hoffnungen, so meinen die Sekunden, sind für blöde Romantiker, für die, die nicht checken, dass die Zeit ohnehin vergeht und dass es nur wichtig ist, wie man sie füllt, und nach Ansicht der Sekunden ist die Zeit, die man mit Hoffnung füllt, verschenkte Zeit, weil man doch genauso gut eine Handlung in die Welt geben könnte, statt sich irgendeiner fetten Hoffnung an den dummen Arsch zu haften. Kluge Dinger, die Sekunden. Sie kleben aneinander und ticken den ganzen Tag das Leben kurz und klein. Auch ein scheiß Job, denkt sich Roy und fügt sich wieder der vorherrschenden Systematik mit den Schrauben, Tüten und Eimern.

Irgendwann ist es fast Abend, Roy so müde von der Unterforderung und dem Sinnlosfinden seiner Beschäftigung, und der Werkstatttag neigt sich dem Ende entgegen. Schwachen wird in Jacken geholfen, viel Schwächeren werden die Schuhe gebunden, und alle strömen wie von einem unsichtbaren Menschenmagneten angezogen Richtung Ausgang der Werkstatt. Das Gemurmel, das Roy begleitet, wird immer lauter, die Menschen lautieren, schreien vor Freude, Müdigkeit oder Schmerz und rollen oder laufen Richtung Ausgang. Dort warten bereits zahlreiche Busse und Großraumtaxis auf die Werkstattarbeiter, und es regiert hier eine Lustigkeit, die Roy nicht mitfühlen kann. »Bis morgen«, spricht ihn einer von der Seite an, und er guckt nicht, wer es ist, sondern läuft weiter gerade aus, sein Denken frisst sein Fühlen, und gefressenes Denken und Fühlen vermeidet ausdrucksstarkes soziales Handeln. Roy geht auf einen Bus zu, jeden Tag steht da dieser Bus, und vorne ist die Tür geöffnet, und Kalle, der Busfahrer, guckt etwas mürrisch, hat aber für jeden Fahrgast ein Nicken im Nacken. Und so nickt der Nacken um die dreißig Mal, jeden Tag, nickt der Nacken als distanziertestes aller möglichen Begrüßungsrituale, und Kalles Gesicht sieht täglich mehr wie zerknüllte und stellenweise vollgeschissene Bettwäsche aus, und Roy fragt sich, wo Kalle das verloren hat, was mal sein Leben war.

Der Bus ist voll und gefüllt mit Behinderung und Lautstärke. Einige schreien, einfach nur, weil Schreien auffällt und irgendwo immer einen Reiz auslöst. Irgendeiner bellt, eine andere hustet permanent und rhythmisch, aber es gibt auch Sitze, auf denen geschwiegen wird. Irgendwo setzt Roy sich dann hin. Vor ihm sitzt Johanna, die sich mittlerweile komplett von ihrem Anfall erholt zu haben scheint, denn sie tauscht sabbernde Küsse mit irgendeinem Spastiker aus. Der versucht sie mit einer verkrümmten Hand an der Brust zu berühren, und seine Zunge fliegt wie ein nasser Waschlappen durch Johannas Gesicht. Filigran und gezielt küssen ist hier nicht. Der Spastiker und Johanna legen an Tempo zu, was die Atmung bestätigt. Die Geräusche, die sie dabei machen, findet Roy sehr unangenehm. Sabberblasen befinden sich in allen Mundwinkeln, die Roy erkennen kann. Johanna hat unter ihrem Lederhelm eine sehr rote Gesichtsfarbe angenommen, und Roy will gar nicht wissen, wo sie mit ihren Händen fuhrwerkt und wo der Spasti diese gerade spürt. Speichelflüsse addieren sich zu einem Sabbercontest in weiß und gelb. Es schäumt in beiden Gesichtern. Das ist der Trieb, den Roy nicht sehen mag, dieses Animalische am Menschen ist ihm zuwider. Obwohl auch er genau weiß, was dieser Trieb kann.

Roy schließt die Augen und denkt an die Rothaarige, an das wunderbare Mädchen, das er vor ein paar Tagen auf dem Supermarktparkplatz sah, und seine Phantasie beschämt ihn. Er denkt an primäre Geschlechtsteile und an Reibung. Roy reibt an den primären Geschlechtsteilen der Rothaarigen und verbirgt sich in ihr. Versteckt sich in ihrem Arm und ist dort geschützt vor dem gesammelten Unheil dieser Welt, und das Mädchen wäre dann voller Enthusiasmus für die Annahme der Geschlechtsteile Roys, und schon wäre man eine Familie, die unauseinandersprengbar ist. Soweit zu Roys romantischen Befindlichkeiten. Er öffnet die Augen wieder, und Johanna stinkt nach Pippi, der Spasti ist ganz ruhig, vielleicht hat er sich in die Hose ejakuliert vor lauter Aufregung. Ein zäher, grünlich schimmernder Spuckefaden hängt ihm aus dem linken Mundwinkel, als letzter Zeuge seiner Hemmungslosigkeit. Der Bus fährt los.

Roy weiß, dass das, was ihn nach der Busfahrt erwartet, sein enges, käfighaftes Zuhause sein wird. Da hat es zwei Leidwesen in diesem Zuhause, seinen Vater und seine Mutter, beide schon über siebzig und in einer Existenz gefangen, die unabstreifbar scheint. Es sind alte Eltern eines behinderten Kindes, bis zum Anschlag vollgepumpt mit Schuldgefühlen aller Art. Ihr Sohn Roy, kam ihrer Ansicht nach *krank* auf diese gottesunfürchtige Welt, weil sie, die Eltern, angeblich voller Sünde waren, und seitdem suchen sie die Aspekte ihres Lebens, die voller Sünde gewesen sind und geißeln sich selbst daran. Der Vater etwas weniger, die Mutter dafür etwas mehr und Roy hasst das, dieses Gefühl, in die Fresse gestempelt zu bekommen, man sei der ständig unanständige Fehler im menschlichen System dieses kleinen, engen Familienkreises. Die Eltern definieren Roy stets als beschädigt, beschützenswert und als unfertig geboren. Und das schon seit frühester Kindheit. Da kam immer dieser Blick aus der Mutter heraus, schon zu Beginn der Fähigkeit einer Wahrnehmung eines Blickes, der zu Roy sagte: »Ich bin so traurig, dass du so kaputt bist, verzeih dein Geborensein, du unwertes, aber trotzdem liebliches Misthaufenkind.« Mit Blicken, die solche Aussagen mit sich führen, musste Roy schon in frühester Kindheit klar kommen. Alles Handeln der Eltern ist seitdem darauf ausgerichtet, zu leiden, gerne auch öffentlich, und Roy als den Grund des Leidens benennen zu können. All das tun sie, obwohl sie ihn lieben, überdosiert lieben sie ihn gar, ihren einzigen Sohn, den mit dem Gendefekt. Und mit dieser Liebe in Überdosis, die keine Liebe ist, sondern nur Zuckerwatte, die alle Poren verstopft, die atmen wollen, mit dieser Liebe wird Roy voll gepumpt, und er wünscht sich, dieses Gepumpe würde endlich aufhören,

59

und die Leute, die sich seine Eltern nennen, würden endlich mal erwachsene Entscheidungen treffen und irgendetwas unternehmen, was diese dumme Schuldatmosphäre
aus dem Haus schmeißt.

Als Kind versuchte Roy noch, diese Blicke als etwas Gutes umzudeuten, als den Schutz, den er verdient hat, doch
irgendwann in seinen jungen Jahren erkannte er bereits
die Überdosierung der Liebe, die mittelschwer krankhaft
auf ihn niederprasselte, und die Schuldgefühle der alten
Eltern, ihn in diese Welt gepresst zu haben. Sie schäm-
ten sich tatsächlich, waren aber ebenso enttäuscht von
der genetischen Zusammenstellung, die sie fortan »Sohn«
zu nennen hatten. Und dieser Sohn starrte sie aus stets
dummen Augen an, die dicke Zunge hing ihm aus dem
Gesicht, aus dem kein Wort des Verständnisses oder der
Zuneigung zu erwarten war. Das blanke Schweigen spielte
sich in Roys Antlitz ab, und das Schweigen war manchmal
so leise, dass die Eltern ihn kaum mehr atmen hörten, den
Roy. Ach, würde er doch einfach damit aufhören, mit diesem Atmen, dachte die Mutter manchmal und musste sich
dann eine Boshaftigkeit eingestehen. Würde der Roy einfach nicht mehr atmen, die Leute würden das verstehen. Er
ist doch so krank, der Roy, so unglaublich krank und Sterben, so euthanasierte die Mutter gestört vor sich hin, Sterben würde ihm doch wohl helfen, um nicht diesem vollen,
bösen Leben gegenübergestellt zu werden, das er eh nie
ganz beherrschen können wird. Natürlich legte die Mutter
aber nie Hand an Roy, das hätte sie nie gewagt, ihn gewalt-
sam irgendwo hinzuführen, sie hoffte nur, und das gehäuft
in Roys Kinderjahren, er stürbe einfach so. Morgens würde
die Mutter an sein Kinderbett kommen, in dem eine kleine,

liebe und vor allem gern und zurecht gestorbene Leiche
rum liegt, die es nicht in den Morgen geschafft hat. Kann ja
mal passieren, dachte die Mutter. Passierte aber nicht.

Niemals aber wurde über die Möglichkeit gesprochen oder
nachgedacht, den Roy in ein Wohnheim zu geben, so ein
Wohnheim für Behinderte, in dem er mit anderen Bewoh-
nern soziale Bande knüpfen könnte, wo durch dann auch
eine andere Entwicklung möglich wäre. Nein, den Roy
wegzugeben, daran dachten die Eltern nicht, wie sähe das
denn aus? Von nachbarschaftlicher Seite würde es dann
Anklagen hageln, die zum Inhalt hätten, dass die bösen
Menschen, die Roy geboren hatten, ihn jetzt auch noch
fortschickten, weil sie sich nicht mehr um ihn kümmern
mochten. Man würde nach dem Verbleib des Roys gefragt
werden und nach den Gründen für seine Fortschickung,
und diese Offenheit besaßen die Eltern einfach nicht. Daher behielten sie ihn, so eng es eben möglich war, bei sich.
Sie bringen es nicht über ihre Herzen, die Eltern, den Roy
wegzugeben, aber das tun sie nicht für Roy, sondern für
ihr nachbarschaftliches Umfeld, das sich schräge Gedanken über die Familienverhältnisse machen würde. Da Roy,
aus Gründen des Nichtsprechens, für die Mutter unfragbar
ist, hat er auch keine Meinung und wird fremdbestimmt
am Mutterrockzipfel belassen. Roy ist das verwundete Tier,
das die Mutterkuh aufzieht, und der angeschossene Soldat, der unbedingt mit nach Hause gebracht werden soll,
obwohl er die Truppe langsamer macht. So denkt die Mutter und schüttet gigantische Eimer falsch gemeinter Liebe
über Roy, der in dieser klebrigen Masse zaghaft blöd dahin
dämmert. Der Vater übt sich häufig in Zurückhaltung und
kann das schon ganz gut. Er tendiert zur Familienflucht, ist

kaum da, trifft sich mit anderen Rentnern zu Gesprächen, Bieren und anderen Nichtigkeiten. Bloß raus aus dem Krisengebiet, dass sich Familie nennt, denkt er dann, wenn seine Frau irgendwas zwischen Hysterie, Wahnsinn und plumper Mütterlichkeit darzustellen versucht.

Die Bustür öffnet sich mit einem fiesen Zischen, das an das Geräusch von etwas in brodelndes Frittierfett geworfenem erinnert. Frittiertes Leben oder sowas. Kalles Nacken nickt, Roy verlässt den Bus. Es sind noch ein paar Meter zu gehen, Roy sieht schon den Kopf seiner Mutter in der Tür, die hier Gesicht zeigt. Ich bin eine gute Mutter, denkt die Mutter, und dass das ja jeder sehen soll. Jeden Tag. Roy geht langsam, er könnte schneller laufen, aber wozu. »Junge, da bist du ja«, kommt seine Mutter ihm mit zögernden Schritten entgegen. Ihr altes, muffiges Fleisch umgibt den Roy, und der spürt nichts. Die Umarmung besteht so lange, bis der Bus außer Sichtweite gerät.

Die beiden gehen rein, und die Mutter schweigt. Der Ablauf ist dann immer der gleiche. Da liegt ein Schinkenbutterbrot auf dem Küchenholztisch, und eine Tasse steht daneben, auf der Roys Name in bunten, kindgerechten Buchstaben eingraviert ist und in die die Mutter Orangensaft getan hat. Roy setzt sich, hasst das Gleichbleibende an seinem Leben, isst und trinkt lediglich, um zu überleben, und geht dann in einen Raum, den die Eltern großzügig »Roys Zimmer« nennen. Da hat es ein gemachtes Bett, einen Schrank mit Bekleidungsstücken, die die Mutter ausgesucht hat, und ein paar Bilder an den Wänden, von denen dumme Clowns ins Zimmer grinsen. Das muss man sich mal vorstellen: Clowns mit roten Nasen, großen Schuhen, die treudoof und bewusst debil von Tapeten in Roys Zimmer starren. Immer versuchen sie, lustig zu sein, nie schaffen sie es.

Die einzige Weltflucht, die hier möglich ist, ist ein kleiner Fernseher, der auf einem Beistelltisch steht und groß, klobig und unmodern den Raum mitbevölkert. Da, in diesem Fernseher werden Teile von Roys Fantasie und Romantik mitgeboren. Serien mit realitätsfremden Botschaften, Filme mit unrealistischem Eigenleben und die Darstellung einer Liebe, die sich anfühlt wie der Griff in eine Bonbontüte, all das begegnet Roy durch den Fernseher, und er ist damit auf sich allein gestellt, erkennt zwar irgendwie die Unstimmigkeit des Ganzen, wenn er das Gezeigte mit seiner Umgebung vergleicht, befindet sich aber trotz allem in einer Art Zwischenwelt. Es *könnte* ja alles so sein, wie es die Fernsehwelt anpreist, ja, es könnte gelingen, und zwar dergestalt gelingen, wie in diesen meist grünlich schimmernden Heimatfilmen, die nach immer gleichem Strickmuster hergestellt scheinen. In diesen Filmen ist die Liebe etwas Erstrebenswertes, ohne das ein Mensch nicht überleben kann. Guckt Roy aber sein Leben an, dann sieht er, dass ein Mensch auch als funktionierender, emotionsloser Apparat überleben kann. Liebe widerfährt ihm ja höchst selten und wenn, dann ist es diese seltsame Art von Erstickungsliebe, mit der ihn seine Mutter nervt, oder ein motivierendes Schulterklopfen in der Werkstatt. Die gezeigten Filme wollen suggerieren, dass man nur genug kämpfen muss für sein persönliches Glück und schon stünde oder läge es vor einem, breitbeinig, offenherzig, mit ausgestreckten Armen, den leckeren Zuckermund auf Kussempfang programmiert. Das genau ist doch auch das Leben, das Roy in seiner Existenz vermutet und eben auch sucht. Da, irgendwo unter den Trümmern, die er darstellt und durchlebt, da muss doch irgendwas sein, was einen ganz tief innen im Herz anrühren kann. Es leuchtend machen oder aber es wie eine Feuerwerksrakete gen Himmel ballert, wo es in tausende bunt blinkende Mosaikteilchen zerfällt. So muss sich dieses Glück, dass Roy sucht, anfühlen.

Aber als Glückssuchender hat man es nicht leicht, und schon gar nicht als einer mit einer geistigen Behinderung und entsprechender optischer Darbietung. Roy weiß um seine Behinderung, die in den meisten dieser Filme überhaupt keine Rolle zu spielen scheint, und er weiß um die Unterscheidung zwischen den Filmen und Serien und seinem Leben. Zu dieser Einschätzung ist er durchaus fähig, aber er kann trotzdem nicht mit dem Suchen aufhören.

Aus dem Wohnzimmer hört Roy seine dramatische Mutter telefonieren, was ungefähr so geht: »Hallo ... ja ach du ... oh Gott ... ohgodogodogodogod ... nein ... ja ... ohgodogodogodogod ... wie, der auch ... ohgodogodogodogod ... ja, dann ... wiederhören ...« Derlei Gespräche hört er die Mutter oft am Telefon sprechen. Die Dramamutter kennt nur ihr Drama, und das Drama ist ihr Leben, dass sie mit ihrem Mann und Roy fristen muss. Und zwar solange, bis es vorbei ist, das Leben. Ohgodogodogodogod ...

Knapp zwei Stunden sieht Roy an diesem Abend fern. Es gibt da so einen Film, der Menschen, die einen harten Tag hatten, flüssig vom Wach- in den Schlafzustand begleiten soll. Der Film soll nicht so hart am Gemüt kratzen, sondern ein wenig über die spannungsempfindliche Oberfläche streicheln. Da ist ein Arzt zu sehen, ein Arzt, der sich für die Problematiken von Frauen spezialisiert hat. Es scheint ein sehr beliebter Arzt zu sein, denn alle Frauen gehen gern zu ihm,

und er hilft ihnen durch Schwangerschaften und Liebespro-
blematiken, solange bis sie sich in ihn verlieben, den guten
Arzt, der immer ein Lächeln um die unrealistisch weißen
Blitzzähne trägt und immer, immer wieder Dinge kundtut,
die gut tun sollen. Aber auch der Arzt hat Probleme in der
Liebe. Da ist einerseits seine Frau, die ihm unlängst selbst
ein Kind geboren hat, und da ist diese wilde Sprechstunden-
hilfe, mit der er eines Abends während Beziehungsproblem-
diskussionen zu viel Wein hatte und sexuell geworden ist.
Beide findet der Arzt irgendwie gut, und den ganzen Film
über suchte er nach Entscheidungen, und schließlich blieb
er der Ursprungskonstellation treu und warf die Sprechstun-
denhilfe, deren Ansprüche immer dreister und wilder wurden, aus der Praxis. Seiner Ehefrau erzählte er davon, sie
war sauer, aber verzeihensfähig. Roy fand das schön, den
Film, die ganze Geschichte hatte soviel Liebe in sich, wie er
in seinem ganzen Leben noch nicht gefühlt hatte. Er ließ den
Fernseher schweigen und dachte danach an das rothaarige
Mädchen, welches immer noch in seinem Kopf turnte. Ihr
würde er auch Fehler verzeihen, dachte Roy. Fehler dürfe sie
ruhig machen, denn Liebe, so glaubte Roy, Liebe ist stärker
als alle verdammten Fehler dieser Welt, die überhaupt jemand zu begehen imstande ist.

Roy hört, wie nebenan seine Eltern zu Bett gehen. Er ver-
nimmt das Gestöhne und Geächze seiner alten Eltern, die
sich nebeneinander zu Bett begeben, wie sie es jeden Abend
tun. Sie suchen sich Liegepositionen aus, die ihren Schmerz
minimieren und flüchten sich in ihren Schlaf, um auf diese Weise der Welt und ihrer eigenen Schuld für die Dauer
des Schlafs zu entkommen. Seine Eltern sind für Roy durchsichtige Geschöpfe, er kann ihre Handlungen einschätzen,

65

kennt all ihre Geräusche und auch ihr Schweigen. Er liebt ihr Schweigen.

Das Licht aus, die Augen zu, die Rothaarige sitzt im Kopf und Roy würde gern den herzensguten Arzt bitten, ihm zu helfen und ihm den Weg auf die Herzensgewinnerstraße zu beschreiben. Diesen Weg aber muss er wohl alleine finden, wird ihm bewusst, und auch, dass gestern schon ein Tag war und morgen auch noch einer sein wird und Schrauben in Tüten und Tüten in Eimer gehören. Sein Vater schnarcht, seine Mutter redet im Schlaf, Roy ist müde, so beschissen müde …

O-Ton Gott: Der Mensch an sich ist kaputt. Irreversibel geschädigt. Alle hier. Was mach ich nur mit den Leuten? Was nur? Die Leute laden immer mehr komische Sehnsüchte in sich rein, sie sind wie Computer, die ständig System zerstörende Viren ansaugen. Download für Download Verderben. Ihre veralteten Betriebssysteme verlangsamen ihre Geschwindigkeit, und auch wenn sie Hoffnung unter *Entwürfe* gespeichert haben, verirren sie sich in ihren Ablagen. Ich kann die Scheiße einfach nicht mehr ernst nehmen.

Ich bin weggefahren,
um mir zu beweisen, dass ich mir
nichts mehr beweisen muss

»Was ist denn das für ein Parfüm, das Sie da tragen?« Die alte Frau steht gebückt, von den Lasten einer Existenz krumm gemacht, vor ihr, und eine uneinschätzbare, weil durch parkinsonhaftes Zittern stets in Bewegung befindliche Mimik wirkt auf Solveig ein. Solveig ist verunsichert gewesen und hat sich ein wenig erschrocken, da plötzlich die Tür aufgesprungen ist, als sie das Treppenhaus betrat, gerade so, als ob die alte Frau dahinter auf sie gewartet hätte. »Wieso? Stimmt damit was nicht?« Die alte Frau hält sich am Türrahmen fest, zittert nun fast am ganzen Körper und lächelt bebend aus einem gegerbten und erfahrenen Gesicht in Solveigs Antlitz. »Doch, doch, es stimmt viel an diesem Geruch«, verlautbart sie mit gebrochener, heiserer Stimme, »Er ist wunderschön. Er erinnert uns an in frischen Orangensaft getauchte Rosenblütenblätter. Wissen Sie, mein Mann und ich riechen ihren Duft sehr häufig, und es ist der schönste Duft hier im Haus.« Jetzt lächelt auch Solveig, als sie das eigenartige Kompliment aus den Worthülsen der alten Frau herausschält wie das süße Fruchtfleisch aus einer Mandarinenschale. »Mein Mann hatte kürzlich einen Schlaganfall, wissen Sie, es geht ihm nicht sehr gut, aber immer, wenn er Sie vorbeigehen riecht, lächelt er. Zumindest sieht das so aus. Er hat auch schon mal erwähnt, dass er Ihren Geruch mag, damals, als er das noch konnte, das mit dem Reden und dem Riechen. Jetzt liegt er ansonsten nur da, starrt an die Decke und ist nicht zu Bewegungen oder Sprache fähig, der Schlaganfall hat sein Gehirn ganz schön beschädigt.« Die alte Frau guckt auf den Boden. Solveig auch. Jetzt wird die Sache unangenehm für sie, denn sie weiß ja um den Kommunikationstrieb, den alte Menschen gelegentlich so haben, alles wird vollgequatscht von Supermarktkassenwarteschlange bis Linienbusbesatzung, und wenn diese alten Menschen mal jemand Naiven zum Zuhören gefunden haben, der sich, aus welchem Gefühl auch immer heraus, zum Zuhören verpflichtet fühlt, dann wird es auch moralisch immer schwieriger, einfach zu gehen. Solveig fühlt sich jetzt ein wenig unwohl, denn sie möchte schnell in ihre Wohnung und nicht mehr das Schicksal der Alten teilen. »Chanel No. 5«, sagt sie also zügig in eine geröchelte Atempause der Frau hinein, »Es heißt Chanel No. 5. Ich muß dann auch mal rauf.« Die in der Tür lehnende, gebrechliche alte Frau nickt nur, guckt ein wenig traurig und dreht sich in theatralischer Zeitlupenlangsamkeit um und murmelt irgendwas, was wie »Schanell Nummer fünf« klingt. Solveig sieht noch ihr leergewohntes Gesicht, als sie die Treppen hinauf hastet. »Hermann heißt mein Mann, Hermann heißt der«, hört sie die Frau noch monoton schleppend vor sich hin sprechend, bevor ihre Tür auf- und die der alte Frau unten zugeht.

Sie kommt in ihre Wohnung und sieht die Jacke ihrer Mitbewohnerin Jenny, die in gewohnt schlampiger Manier auf
den Boden vor der Garderobe liegt, und daneben liegt eine
ihr unbekannte schwarze Männerlederjacke. Sie hat also
Besuch ...

Kurz darauf sitzt Solveig in ihrer WG-Küche, und ihr ist
traurig zumute, wegen der Zumutungen, welche ihr Leben
für sie bereithält. Da scharren sich Ängste um sie, die sie
wie grimmige, hungrige Tiere anhecheln, und knurren und
bellen tun sie auch, diese Ängste, und sie machen Solveigs
Leben zu einer Epoche der Unsicherheit. Da ist diese zer-
rende Schwermut, die sie auf diesem Stuhl, in dieser Küche, in dieser Stadt festhält, und gleichzeitig ist da ein irre
brennender Trieb, alles hinzuwerfen, dem Studium einen
Arschtritt zu geben, den ganzen Männern abzuschwören,
die da draußen rumlaufen. Nicht mehr in fremde Arme hi-
nein- und auf irgendeinen Mann hereinfallen.

Mein Leben, so denkt Solveig, ist weit entfernt davon, ein
flammendes Inferno zu sein. Es scheint zu wenig Bedeuten-
dem zu taugen. Dieses Leben fühlt sich für Solveig manchmal an wie der Sturz aus dem Fenster. Aus dem Fenster
einer Erdgeschosswohnung. Wo Harmlosigkeiten einander
folgen, und nur der eigene Gefühlsapparat macht die Ge-
schehnisse spannend, nur die eigene Wahrnehmung ist darauf ausgerichtet, dieses Leben interessant zu nennen. Aber
da ist nichts, nichts, was sich wirklich bewegt, nichts, was
Bewegung machen würde. Wenn Solveig in sich reinhorcht,
ist da nur dieser dumme Herzton, der dem nächsten Herzton folgt, weiter ist da nichts, gar nichts, vor allem: nichts
Begreifbares. Deswegen horcht Solveig ungern in sich rein.

Als sie damals vom Dorf in die Stadt zog, um ein Studium der Sozialpädagogik zu beginnen, da dachte sie: Jetzt geht es los, jetzt geht es endlich los, und die Banalitäten würden aufhören, und vielleicht fällt etwas von dem Gewicht runter, welches sie am Boden hält, aber die Schwerkraft blieb und mit ihr blieb immer ein Stück Traurigkeit an ihr haften. Sie war doch eine von jenen durchstartfähigen Frauen mit tollem Abitur und dem unbedingten Willen, dem Leben etwas abzugewinnen, was nicht jeder haben könnte.

Als sie vor zwei Jahren hier her kam, in diese unbekannte, große Stadt, dieses Studium zu beginnen, ging es erst mal los. Sie lernte Männer kennen, die viel näher an dem waren, was sie für einen Mann hielt, als ihre dummdörflichen Spielgenossen. Die Männer waren wilder, uneinschätzbarer, immer aber auch distanzierter. Nach sinnlosem Herumgeficke, ohne einen Hauch eines Verliebtseins zu spüren, kam da dieser Sven in ihr Leben, und bei ihm merkte Solveig erstmals, dass da was war, was mehr war als der bloße Austausch von Flüssigkeiten, die man ineinander schüttet, in der Hoffnung, es käme ein neues Kultgetränk dabei heraus.

Nein, Sven, der war leise, war zuvorkommend, war verliebt in sie und küsste nahezu den Boden, auf dem sie schritt. Das aber, genau das, wurde ihr schnell zu langweilig, und sie ließ wen anders von ihren Genitalien kosten und dann noch mal wen anders und anschließend wieder wen anders, immer mit der Hoffnung am Start, da käme einer und würde Liebe über sie schütten, also so einer wie Sven, nur in deutlich unlangweiliger. Der Sven, der weinte, als sie

70

mit wenigen Worten von ihm ging, er weinte wie ein Kind und drohte mit der Beschädigung seiner Gesundheit und mit Selbstmord, und da hatte die Solveig kurz Angst vor den Folgen ihrer Handlungen, kurz danach aber kam der Gedanke in sie, dass man doch nicht mit einem Betonklotz am Bein in den See des Lebens springen kann, und Sven, der ohnehin immer sehr blass war, bleichte vollständig aus und verschwand noch während sie sich von ihm abwende-te aus ihrem Kopf.

Seitdem war sie dann auf der Suche, also, nachdem sie se-xuell einiges probiert hatte und der Geschmack der Begeg-nungen im Anschluss an das Körperliche immer bitterer wurde. Solveig suchte und suchte. So ein Held solle das sein, mit einem mitreißenden Leben bestückt, dass Solveig überschwemme wie ein Tsunami ein indonesisches Küs-tendorf. Hilflosigkeit und Kontrollverlust in Form von Liebe wünscht sie sich, so richtig untergehen will sie. Und daher probierte sie eben Männer aus, wie ein Modepüppchen bei H&M Hosen probiert. Diese Typen waren aber alle irgend-wie falsch, alle zu kaputt, zu langsam, zu schlau, zu un-klug, zu verdrogt, zu unhygienisch oder besaßen einfach nicht die Fähigkeit, eine Frau vom Formate Solveigs als übergut gefickt zu hinterlassen. Ja, sie mag das Schmut-zige am Sex, das schlammige Suhlen, das ewige Puhlen an der Klitoris, das befreite orgastische innere und äußere Zusammenklappen und das Weinen, wenn es einfach zu gut ist. Ja, die Solveig weint, wenn der Sex zu gut war, sie weint vor körperlicher Anstrengung und wegen dem Ent-spannungsmoment, der kommt, wenn sie krumm in sich zusammenfällt, sich im Kopf so leer wie tiefenentspannt fühlen darf und der Penisinhaber langsam aus ihr herausschwappt. Das sind gute Momente, aber sie sind so selten und sie zu suchen ist so anstrengend.

Manchmal denkt sie, dass sie vielleicht auch diese Erniedrigung mag, die einige Männer ihr antun, diese Brutalität, die manchmal aufkommt, wenn einer in ihr wütet. Das macht sie so wunderbar hormongesteuert bescheuert.

Aber da kommen auch kurz danach, nachdem die hormongesteuerte Bescheuertheit wieder verflogen ist, diese dummen Gedanken. Gedanken, die zum Inhalt haben, dass das alles falsch ist, dass die guten Ficker nicht einen Hauch Liebe in sich haben und einfach nur seinem tierischen Trieb Genüge tun mögen. Solveig ist aber mittlerweile schon auf einem derart abstrakten Level der Bescheuertheit angekommen, dass sie das sogar akzeptieren würde. Es ist diese bittere Mischung aus Einsamkeit und Geilheit, die in ihr ein Gemisch hochkochen lässt, dass unhygienische Gedanken produziert.

Solveig ist jetzt 26, die Kindheit ist irgendwie noch in Sichtweite, und sie taumelt durch ihr Leben, als wüsste sie nicht, wie man sich richtig orientiert. So ganz ohne Wegbeschreibung entfernt sie sich von ihrer Kindlichkeit, die Solveig, hin zu dem, was das Erwachsensein ausmacht. Irgendwo dazwischen steht sie, sprungbereit, irgendwas zu unternehmen, was eine Zukunft funktionieren machen könnte. Fühlt sich aber dabei immer noch spätpubertär und entscheidungsgehemmt. Gerade dieses Entscheidens, dessen ist Solveig sehr müde, denn das Fixieren eines Lebensangebotes schließt doch sofort eine Vielzahl weiterer Optionen aus. So ist sie zufällig auf diese Sozialpädago-

72

gikschiene gekommen, einfach nur, weil sie die Entscheidung traf, Menschen irgendwie gut zu finden, fährt galant, aber nicht sehr zielstrebig auf ihr, fühlt sich irgendwie gut damit, aber auch vollkommen unbestimmt. Sie kennt noch nicht das Ziel, das sich scheinbar am Ende dieser zufälligen Richtung aufhält. Ein Job, ein Leben, weitere Zweifel? Da muss noch ein Weg durchs Geäst geschlagen werden, aber Solveig ist des Schlagens müde. Das Leben als solches und die darin stattfindende Unentschlossenheit und Desorientiertheit machen es schon schwer genug. Welcome to the jungle ...

Ab Morgen wird sie ein Praktikum beginnen, eines in der nahe gelegenen Werkstatt für behinderte Menschen, und irgendwie freut sie sich auf die Arbeit, bringt diese sie doch vielleicht einem beruflichen Ziel näher. Das ist für sie erstmal ein Nahziel, danach kann immer noch irgendwas kommen, was besser zu ihr passt. Sie wittert da Möglichkeiten, die Solveig, und ist glücklich und traurig zugleich, und so dumm und zwiegespalten sitzt sie in der WG Küche, und ein nacktes Mädchen kommt aus einem Türspalt, flink wie ein speedgetränktes Eichhörnchen und setzt sich zu ihr an den Tisch.

»Hallo Jenny«, sagt Solveig und wundert sich nicht ob deren Nacktheit. Jenny lächelt, grinst fast so als ob gleich ihr Gesicht platzen würde. »Siehst müde aus, Solveig«, sagt sie und giggelt. Ihre Haut ist sehr hell, und man sieht etwaige Rippenknochen unter ihrer kleinen Brust. Jenny ist sehr dünn und etwas jünger als Solveig, und dann schreit sie plötzlich »... Iiiiihhhh, scheiße, Auslauf« und lacht dann hell auf. Kurz darauf schaut ein dunkelhäutiger Kopf durch die Tür, aus der das dünne Eichhörnchenmädchen eben getappst kam, und in seinem Schlafzimmerblick befindet sich irgendwie die Frage, was denn los sei, und das Mädchen sagt: »Dein Ficksaft rennt mir die Beine runter, du geiler Stecher«, und der dunkelhäutige Kopf stemmt sich ein breites Grinsen rein, und die Tür schließt sich wieder langsam, und das dünne, junge, vor kurzem mit Ficksaft bestückte Wieselwesen namens Jenny geht zur Anrichte und bedient sich am Küchenpapierspender. Mit ebenso flinken wie präzisen Bewegungen säubert sie sich ihre rosafarbene Mädchenöffnung sowie Teile ihres Oberschenkels von einer zähen, durchsichtigen Flüssigkeit und entsorgt den feuchtweißen Lappen im Restmülleimer. »Yussuf ist da«, lacht sie dann und hüpft albern herum wie ein kleines Mädchen, das gerade vom Karussell abgestiegen ist. Die Tür von Jennys Zimmer geht dann auf, und ein junger Marokkaner, der aber die Güte hatte, sich am Unterleib zu bekleiden, um Nichtkennerinnen seines Geschlechtsteils nicht dieses zu präsentieren, schlufft heraus. Seine Unterhose, so fällt es Solveig auf, ist sehr eng anliegend und betont sein Geschlechtsteil und seinen Arsch. Yussuf kratzt sich abwechselnd vorne und hinten, und Solveig bewundert kurz und objektiv abcheckend seinen statuenhaften, moccabraunen Oberkörper. Frischgefickte Körper sind die schönsten der Welt, fällt es Solveig ein, und sie wird fast ein wenig traurig, dass sie das mit niemandem teilen kann. »Ey, starr den nicht so an, das ist meiner«, tönt Jenny selbstbewusst und girliehaft vorlaut, aber Solveig gafft gar nicht, sondern ist schnell gelangweilt vom Perfektionismus Yussufs. Sie weiß, dass es nicht um so was geht, diese aus dem *Katalog für Sportficker* ausgeschnittenen Dressmen, die Jenny immer so anschleppt, die langweilen sie, sie fühlt sich ihnen erhaben. Was sie sucht, ist tatsächliche Leidenschaft, da kann derjenige noch so fassadenschön sein, wenn es da drinnen nicht passt, da in dieser Herzmaschine, dann ist es lediglich ein großer Traum eines kleinen Mädchens, der da Seifenblasen mäßig zerplatzt. Solveig weiß genau um die Diskrepanz zwischen ihrem Herzapparat und dem inneren Gefühlsgetriebe der Männer, die sie hatte und haben will, und will das irgendwie zusammenlegen, ja, es muss sein, spürt sie, weil da in ihm doch irgendwo eine sonderbare Schönheit wohnt. Sie streicht sich ihre roten Haare aus dem Gesicht und lächelt Jenny an. »Nee, deinen Yussuf kannst du schön alleine ficken, ich plane größeres.« Was Solveig damit meint, weiß sie selbst nicht genau, ist verwirrt über ihre eigenen kryptischen Worthülsen, die ihren Mund verlassen und bei Yussuf und Jenny Fragezeichen in die Gesichter platzieren.

Die Kälte, die nach der Wärme der Sexualität ohne Liebe in einen Raum tritt, die kann Solveig jetzt spüren, denn es ist das, was Jenny und ihr braunhäutiger Spielkamerad ausstrahlen, und genau davor hat sie immer Angst, wenn irgendein Mann sie loslässt, und das tut er jedes Mal, irgendwann, nachdem er sie hart und leidenschaftlich in den Unterleib gestoßen hat. Jeder macht das. Immer folgt das Loslassen auf das Anfassen, und immer gibt es dann Gründe für Tränen, gute Gründe für Tränen, und Solveig fühlt sich vielleicht zu 25 % geliebt, und der Rest wird ausschließlich lieblos gefickt, aber immerhin 25 % denkt die Solveig, immerhin soviel ...

»Kommst du wieder Bett, Schatz?«, knarzt jetzt Yussufs grobe Stimme in die Frauenrunde, und er starrt auf die mittlerweile wieder sitzende Jenny mit einem Blickcocktail aus Howard Carpendale und Klaus Kinski, mit einer Art pseudoromantischer Eindringlichkeit also, und *Eindringlichkeit* ist wahrscheinlich für Yussuf auch nicht nur ein Gefühlsausdruck, sondern eher eine Handlung. Ich kann das alles nicht mehr ertragen, denkt Solveig und steht wortlos auf, um in ihr Zimmer zu gehen. Die nackte, dürre Jenny hingegen genießt aber ihre Zeit der Lieblosigkeit, und auch Yussuf ist Produzent von Halb- oder Viertelherzigkeiten. Hintereinander gleiten die beiden durch Jennys Zimmertür, ihren Trieben ihre Arbeitskraft anzubieten, sich an ihre Sexualität zu versklaven.

Wenn die mal wach werden, denkt Solveig noch, als sie sich eine Zigarette anzündet und sich auf ihr Bett fallen lässt, wenn die mal wach werden, dann sind ihre Gefühle zerstört, die Sonnen ihrer Ganzheitlichkeit werden dann untergegangen sein, und sie werden sich wiederfinden als lediglich fickbare Stücke billigstes Auslagenfleisch in der Metzgerei der Sehnsucht. Ich hingegen wäre gern verliebt, denkt Solveig, so richtig mit allen passenden Gefühlen, die jemand dafür bereithalten und aufbringen müsste.

Nebenan halten sich gequälte Tiere auf. Wenn Solveig richtig gehört hat, handelt es sich dabei um einen angeschossenen Bären und einen kleinen Mischlingswelpen, der wahrscheinlich psychoaktive Drogen im Napf hatte, und diese beiden Tiere zerfleischen einander. Sie versuchen, sich die Stunden schön zu ficken, aber was übrig bleibt, ist irgendwas Abwaschbares, was ein dürres Frauenbein runterläuft und sonst nichts. Solveig weiß das und geht zum CD Player, irgendeinen Soundtrack auszuwählen, der ihren Kenntnisstand in Sachen Liebe und ihre diesbezügliche Traurigkeit etwas abzufedern vermag. Zwischen *The Cure*, *Tomte* und *Sigur Rós* befindet sich nichts, was diesem Gefühl nahe kommt, also nimmt sie einen CD-Rohling auf dem *Cannibal Corpse* steht und lässt sich in die Geräuschkulisse fallen. Ja, das Gefühl, das sie treibt, fühlt sich genau so an, wie sich die Musik von *Cannibal Corpse* anhört.

Cannibal Corpse, denkt Gott, wie geil, lange nicht gehört. Sowieso, was ist Death Metal überhaupt für eine abgefahrene, geile Kunst? Diese schöne Grundaggression, die da vermittelt wird, da muss einem doch das Herz aufgehen. Und dann der Takt, bei dem man denkt, das ist kein Schlagzeug, sondern ein Maschinengewehr, das in eine anonyme Menschenmasse gehalten wird, und nur die wirklich Bösen werden getroffen und sterben schnellstmöglich, und die, die es gut meinen und auch so handeln, bleiben stehen und besorgen sich weitere Maschinengewehre, die sie dann überall auf der Welt benutzen, um die Welt vom selbstgerechten Pack zu befreien. *Die Maschinengewehre Gottes* wäre doch ein wirklich cooler Bandname, denkt Gott und will schon zum Waffenschrank gehen, doch dann fällt ihm auf, dass er eigentlich Pazifist ist.

Tja, so ist das eben ...

Das ist dann wohl das, was man einen Lebensabend nennt, denkt sich Ingeborg und trinkt Tee. Unlängst hat sie die Vorhänge vor die Fenster gezogen. Als ob die Gefahr bestünde, dass jemand einen Blick auf die ausklingenden Leben hier in dieser Wohnung werfen wollen würde. Will bestimmt niemand. Es ist ein ziemlich einsamer Lebensabend, nur Hermann ist da, aber der ist ja auch nicht mehr so wirklich da, besteht er ja nur noch aus einer flach atmenden Hülle, die täglich gewaschen und gefüttert wird, und einem Haufen Erinnerungen, die Ingeborg gesammelt hat.

Jemandem, den man liebt, beim Sterben zuzugucken, ist vielleicht das Allerschlimmste. Der liegende Hermann sieht nicht mehr aus wie der Mann, den sie einst geheiratet hat und mit dem sie durch ein Leben voller Reibungslosigkeit geglitten ist. Seine Augen sind tief in die Höhlen gerutscht und unglaublich ausdruckslos. Auch vor dem Schlaganfall hatte Ingeborg manchmal den Eindruck, Hermanns Augen seien nur halblebendig. All diese gleich bleibenden Tage, wo jeder Tag wie eine Kopie des letzten wirkte. Die Vermeidung von Zufällen. Die Struktur eines Haushaltes. Darin fühlten sich Hermann und Ingeborg bestens aufgehoben. Die Bürgerlichkeit und die selbst gesetzten engen Moralgrenzen, innerhalb derer sie jeden Samstag um 15 Uhr 30 einen Kaffeetisch deckten und jeden Sonntag um 10 Uhr die Heilige Messe besuchten. Nicht zu viel und nicht zu wenig von allem, gerade so, dass man unauffällig genug war, um in diesem Mehrfamilienhaus nicht aufzufallen, und gerade so auffällig, dass die Nachbarn wussten, dass es Ingeborg und Hermann überhaupt gab. Es ist wichtig, dass die Leute wissen, dass es einen gibt, würde Ingeborg sagen, wenn man sie in einer Interviewshow nach dem Sinn des Lebens früge. Leider fragt sie niemand danach.

Die beiden haben sich auch nie getraut, aus diesem Leben auszubrechen. Dem selbstgewählten Kerker ihres eigenen kleinen Horizontes zu entkommen, kam ihnen nicht in den Sinn, denn es war ja alles da, ein Bett, eine Einbauküche, ein Fernseher, und das Risiko einer Veränderung des Lebens würde auch weitere Risiken beinhalten, das wussten beide gut genug. Da waren keine Kinder oder sonstige Hindernisse, die ihnen im Weg standen, aber sie ließen davon ab.

Das war ja nach dem Krieg so, als der Wohlstand wieder ins Land kroch, um sich ein feines, warmes Nest zu suchen. Und um die Leute nachhaltig zu lähmen. Es war die Zeit, in der wieder gute Butterbrote mit rohem Schinken gereicht wurden, Zeiten, in denen der übrig gebliebene und überlebende Deutsche sich irgendwo zwischen Schuld und Zukunft aufzuhalten hatte. Langsam füllten sich die Städte mit Leuten. Vielen fehlten ein Arm oder ein Bein oder eine Identität oder ein Leben. Es waren allesamt Zeugen einer Zeit, die sich tief in die Gemüter gebrannt hatte. Die Leute hatte alle Lust auf ein gelungenes Restleben, auf ein Leben, in dem nichts Schlimmes mehr passieren sollte.

Und täglich erinnerte man den Weg aus dem Bunker zurück über die Toten ins Leben. Auch Ingeborg hatte solche Erinnerungen, in denen urplötzlich eine Sirene aufheulte und der Himmel sich in der fiesesten aller dunklen Farben, begleitet von den schlimmsten hörbaren Geräuschen verfinsterte und alle nur noch in den Betonbunker zu rennen hatten, egal, wo man gerade stand und was man tat, wer leben wollte, musste sich zum Bunker bewegen. Ingeborg war zum Glück immer schnell genug. Aber wenn der Alarm vorbei war und die schwere Stahltür geöffnet wurde lagen da die, die es nicht mehr so schnell geschafft hatten, in Fetzen gebombt, verbrannt, tot oder sterbend, weinend, um Gnade winselnd, Körperteile oder Kinder suchend, ein Haufen Menschenmatsch, auf den der Himmel gefallen war. Und jedes Mal sah die Stadt wieder anders aus. Und Steine können doch brennen, dachte Ingeborg immer, und es roch nach was, nämlich nach verbranntem Fleisch.

Irgendwann war der Krieg vorbei, und vielleicht, so dachte Ingeborg damals, als sie als kindliches Jungding auf all das kaputte Zeug, was noch rumstand, starrte, vielleicht wäre jetzt die Möglichkeit da, diesem Land ein fröhliches Gesicht zu geben. Und sie half mit, Steine zu sammeln, die zum Aufbau eines fröhlicheren Deutschlands behilflich sein konnten. Es wurde gebaut, errichtet und hingezimmert und schlussendlich sah alles wieder ähnlich trist aus wie schon vor der Zerstörung. Was aber in die Leute hineinzementiert zu sein schien, war die Tatsache, dass die Gebäude und Zäune und Garagen und all die anderen Dinge diesmal länger

halten sollten. Man hatte immer noch das allgegenwärtige
Gefühl von Feindschaft und war doch eigentlich nur ein am
Boden der Totsachen angekommenes, zerstörtes Volk. Auf-
gewühlt wie Kinder, die mit heraushängenden Därmen vom
Spielplatz der Geschichte kommen, weil sie zu viel riskiert
haben.

In dieser leicht euphorischen Nachkriegszeit lernten sich
Ingeborg und Hermann auf einer Tanzveranstaltung kennen.
Eine Musikkapelle spielte Sentimentales, Beschwingtes und
Fröhliches, und es gab was Bier und was Bratschwein. Ein
feines, deutsches Fest, und die Jugendlichen waren alle auf
der Suche nach was zum Festhalten. Die Wirren des Krie-
ges noch im Kopf, tanzten die Leute, als hätte es kein Drit-
tes Reich gegeben, sondern nur eine Zeit, in der man nicht
tanzen durfte. Hermann stand herum auf diesem Fest, er
war nicht kriegsversehrt, und er sprach mit wem über eine
Zukunft, die er haben wollte, die groß und golden und voller Hoffnung zu sein hatte. Er stand neben einem, dem ein
Unterarm fehlte und dessen Gesicht eine Schussverletzung
entstellte, und man sprach über Gewissheit und dass sie irgendwie noch fehlen würde. Der Einarmige war stark ange-
trunken und hatte etwas im Blick, was Ingeborg in genau so
einem Gesicht auch vermuten würde, und Hermann stand
daneben, als sie zufällig vorbeilief. Ihre Augen trafen sich,
so wie sich zufällige Augen trafen, und das Fest ging einfach
weiter. Das Fest derer, die was zum Festhalten suchten.

Am Ende dieser ganzen Veranstaltung, als der Einarmige vor
dem Scheuentor lag und sich in einem See aus Fleischer-
brochenem nicht mehr rührte, fasste sich Ingeborg ein Herz
und den Hermann an die Hand und zog ihn stolpernd auf

81

die Tanzfläche, und sie tanzten zu einer Musik, die betrunkene Musiker aus den Weiten des Walzers und einer unangenehmen Sorte Foxtrott hervorzauberten. Ingeborg und Hermann wirkten wie zwei, die übrig geblieben sind. Wie diese typischen Deutschen zu dieser Zeit, die einfach was zum Festhalten brauchten, damit der Himmel über ihnen Ruhe gibt und der Boden unter ihnen nicht dauernd in Flammen steht. Ob es Liebe war, hat damals keiner gewusst, aber beide fühlten die Angst, übrig zu bleiben, und so hielten sie einander fest.

Es wurde Konstanz, nicht sofort, aber auf die Dauer. Konstanz kann immer nur von Dauer kommen, und sie kam und blieb und rührte einen unsichtbaren aber ernst gemeinten Klebstoff zwischen die beiden, und sie ließen es zu, dass sich ein Zusammengehörigkeitsgefühl einstellte. Damit lebten sie und gingen einen Weg, den viele damals gingen. Mietwohnung, Überleben durch Arbeit, der Versuch, sich während des Vergehens des Alltags nicht umzubringen, Verständnis aufbringen, manchmal »Ich liebe Dich« sagen, dem Einklang klaglos beiwohnen.

Etwas dünner wurde die Beziehung, als ein Kind her sollte. Schwangerschaftsveranlassende Maßnahmen gab es haufenweise, zärtliche, brutale, schöne, dumme, schlimme, zwischendurche, geplante und einige Weh- und Schwermut hinterlassende. Alle blieben erfolglos. Während der vielen Versuche, auf diesem Schlachtfeld der Unfähigkeit eine Schwangerschaft anzubahnen, blieben einige Gefühle auf der Strecke, die Ingeborg und Hermann aber anschließend gar nicht mehr vermissten. »Tja, so ist es eben«, war ohnehin einer von Hermanns Lieblingssätzen, denen Ingeborg stets stumm beipflichtete. Beipflichten war ohnehin so eine Sache in Ingeborgs Eheleben. Zum Entwickeln einer wirklich relevanten eigenen Meinung war sie zu passiv, ihre Einstellung glich in fast allen Belangen der Einstellung Hermanns, welcher seinerseits seine Meinungen von Arbeitskollegen über- oder stark illustrierten Tageszeitungen entnahm.

Die Liebe, die in diesem Stall der Bürgerlichkeit Gewohnheit hieß, blieb auf einem aushaltbaren Level einfach stehen, und das Leben ging ohne Kind in die Verlängerung, und Zeit floss in einer Gleichgültigkeit an Ingeborg und Hermann vorbei und machte sie nicht voller. Niemand hatte geplant, so zu werden, wie sie geworden sind, aber es war ihnen auch nicht weiter wichtig, wie sie geworden sind, denn die Hauptsache war, sie waren überhaupt irgendwer. Überhaupt irgendwer zu sein, darum ging es ihnen, nicht im Ozean der Überbevölkerung zu verschwinden, aber auch auf keinen Fall so auffällig erscheinen, dass jemand Fragen stellt.

»Unser Leben ist so schön normal«, sagte Ingeborg manchmal, wenn sie am Tisch saßen und aßen, und Hermann nickte entweder, wenn er Nahrung im Mund hatte, oder er sagte: »Tja, so ist es eben.« So tropfte die Zeit also zäh durch die Jahre, und die Vielzahl der Möglichkeiten, diesem einen Leben mehr Potential abzugewinnen, blieben alle ungenutzt. So bürgerlichten sie dahin, bis, ja bis Hermanns Kopf in die Suppe fiel, und seitdem ist das Leben für Ingeborg eine gottverdammte Unsicherheit.

Ingeborg sitzt am Abend viel allein auf dem Sofa, auf dem sie sonst immer und jeden Abend mit Hermann gesessen hatte,

83

und denkt nach. Da kommen dann all die Weggabelungen in ihren Kopf, wo man dieses eine Leben hätte anders gestalten können. Den Wohnort wechseln, ein anderer Mann, ein anderes Leben, all das hat Ingeborg nie gemacht, und jetzt sitzt sie da und bedauert das nicht einmal. Zu fest sitzen die Fesseln der Gewohnheit, und Hermann atmet im Pflegebett leise seine letzten Atemzüge. Tja, so ist es eben ...

Die Akzeptanz der Dinge, dieses Müdewerden an den Dingen, die einen müde machen wollen, und dann die Diskrepanz zwischen dem Wissen, dass es nur noch bergab geht, und dem Verhalten, dass man so tut, als mache einem das gar nichts aus, am eigenen Leib zu spüren, das muss hart sein, erkennt Gott an. Aber auch bei den Leuten verändert sich nichts durch die Anerkennung der Scheiße, die sie umgibt, nein, da tut sich nichts durch die bloße Akzeptanz dessen, was einen kaputt macht, außer, dass man vielleicht schneller kaputt geht und immer trauriger wird von der Beschleunigung des Kaputtgangs. Die Herzschläge, die den Menschen zustehen, die sind begrenzt, weiß Gott. Angefangen beim ersten, aufgehört beim letzten, und dazwischen passiert das, was die Leute dann ihr Leben nennen. Im eng gestrickten Zwischenraum zwischen Geburt und Tod gilt es also möglichst viel Leben aus seiner Existenz herauszupressen. Und da kommt dann das so genannte Individuelle ins Spiel. Manche erfreuen sich an Macht, die andere bereits an einem kleinen Platz im Schatten, in dem man sie in Ruhe lässt. Wieder andere graben Löcher oder bauen Türme, deren Nutznießer sie selbst nie sein werden, und halten auch das für Erfüllung. Ganz andere stecken ihre Genitalien in Tiere oder Friteusen und freuen sich über Grunzen oder Zischen. So verschieden ist der Mensch.

Tja, so ist das eben, denkt Gott und freut sich ein wenig an sich und der von ihm installierten Ewigkeit.

Das bekommt man mit psychischer Gewalt ganz leicht korrigiert

Das Erwachen wie ein siamesischer Zwilling. Haut an Haut. Es sind die Oberarme, die ganz konkret beieinander liegen, verwachsen erscheinen, als wären sie die allerbesten Freunde. Ihr Arm und sein Arm, von ähnlich nobler Blässe. Weiß. Die Bettwäsche bedeckt nur noch die Beine, es ist warm, Roy schwitzt, aber es stinkt nicht, denn ein Geruch tritt heran, der eine Mischung aus Sommerwiese und frisch gemähtem Rasen verspricht. Von irgendwo treten Sonnenstrahlen in den Raum hinein und geben der Atmosphäre etwas Göttliches. Man meint Fanfarenmusik zu hören, wenn man nur diese beiden Oberarme und diese kitzelnden Sonnenstrahlen sieht. Fanfarenmusik, jawohl, Fanfarenmusik.

Es klebt die Haut vom Schlafschweiß, der sich zwischen ihnen gebildet hat, und über Roys Wange liegen rote, lange Haare, und sie hat die Augen noch geschlossen. Roy traut sich kaum, sie anzusehen, so schön ist sie, so absolut pervers schön. Aber er schaut doch, saugt das Bild in sich auf, lädt es sich auf die Festplatte; das Gesicht, die Haare, die feinen Krümel Schlafbrocken, die auf ihren Lidern liegen, und die Zwangsjackenschönheit der Liebe summieren sich zu einem unaushaltbaren Gefühl, das Roy jetzt ganz erfüllt. Das Gefühl wächst aber weiter und sprengt Roys Grenzen, und jetzt weiß er, wie es sich anfühlt, wenn einem Sonnenschein aus dem Arschloch gleitet. Vielleicht kommen all die Sonnenstrahlen, die sich hier im Raum aufhalten, tatsächlich aus Roys Arsch. Aber diese Frage ist jetzt nicht mehr relevant. Mit letztmöglicher Zärtlichkeit küsst er das Mädchen, das rhythmisch atmend weiterschläft. In ihr findet wohl ein Ponytraum statt, Ausreiten am Strand oder dergleichen, zumindest lässt ihr geschmeidiger Gesichtsausdruck darauf schließen. Roy küsst den Mund des Mädchens und umarmt sie, um sie an ihn zu drücken. Dabei erwacht das Mädchen, und dann geht alles sehr schnell. Blicke. Herzbeschleunigung. Die Atemfrequenz des Mädchens und Roys versuchen sich auf eine Geschwindigkeit zu einigen, die aber nie zusammenpasst.

Und plötzlich und unerwartet: Die Anwesenheit weiblicher Nacktheit. Alle Hände überall. Das Mädchen auf Roy, unter Roy nur noch das Laken, das sich rhythmisch zusammenzieht, um sich anschließend wieder zu raffen, und Roy selbst rafft nur noch das Glück, jetzt hier an diesem Ort sein zu dürfen, und er fühlt sich wie unter Wasser in einem warmen und klaren See, allerdings mit der Fähigkeit ausgestattet, dort regulär atmen zu können. Alles um ihn ist weich, außer seiner eigenen Mitte, die ist von einer gusseisernen Härte und ready to take off. Er bohrt sich in ihr weiches, nasses Fleisch, das ihn vor Lust hüpfend begrüßt. Die Bewegungen, die Roy mit dem rothaarigen Mädchen tanzt, wirken, als handele es sich bei den beiden um eine einzige Person, eine einzige Person, die danach strebt, sich die besten aller Gefühle reinzuziehen und diese Person ist auf dem Weg und …

»Hör sofort damit auf, du Ferkel«. Die Party ist zuende. Roys Mutter steht in der Tür, in ihren Augen diese Mischung aus Panik und Desinteresse. Panik, weil sie immer dachte, dass ein gefühlter Unterleib an ihrem Sohn nicht existent ist, und Desinteresse hat sich als allgemeines Grundgefühl etabliert. Sie schreit noch einmal schrill, was klingt wie eine Mixtur aus Bedrohung und Angst. Wie ein in die Enge getriebenes, angeschossenes Scheißtier. Pädagogische Maßnahmen wie diese müssen sich manchmal für den Empfänger anfühlen, als ob dieser bis an die Zähne mit Angst bewaffnet zu sein hat. Das denkt die Mutter, und Roy liegt da, als sei er eben gestorben. Die Hysterie der Mutter verwandelt das rothaarige Mädchen wieder in das Kopfkissen, das sich Roy mit weit zugepressten und realitätsverwehrenden Schlafaugen und in seiner Fantasie gefangen rhythmisch durch den Schritt reibt. Er erstarrt, die Mutter atmet einfach nur hörbar, ist traurig und wütend darüber, ein krankes Kind zu haben, und allein dieser Satz, so weiß die Realität zu berichten, enthält schon zwei Lügen, denn Roy ist weder krank noch ein Kind. Das weiß Roy und das weiß die Mutter, aber die Mutter kämpft um ihre Funktion als Mutter, denn wäre dieser Junge plötzlich ein eigenständig handelndes Individuum, mit eigenen Emotionen gar, was sollte sie ihm dann noch zeigen, wovor sollte sie ihn noch beschützen. Also hält sie ihn klein, den Roy, den in ihren Augen ewig Fünfjährigen.

Und die Mutter atmet Schuldzuweisungen aus und fügt ein beiläufig hilfloses »Gleich gibt's Frühstück, beeil dich, Junge« hinzu, dreht sich um, geht aus dem Türrahmen und schließt die Tür, und Roy liegt in seinem Bett, das Kissen, das gerade noch eine wundervolle, weiche Frau war, liegt platt auf seinem Schoß, und er will schreien, weinen, morden und sterben, aber nichts von all dem könnte jemals die Intensität dessen ausdrücken, was er wirklich empfindet. Deswegen bleibt er einen Moment lang ruhig liegen, so unglaublich ruhig, wie einer nur sein kann, kurz bevor er stirbt, aber Roy stirbt nicht, sondern steht einfach auf und geht ins Badezimmer.

Dort steht er vor dem Spiegel und guckt sein schlaftrunkeliges, dickes Gesicht an, schlägt sich eine Ladung kaltes Wasser darauf, steckt sich die elektrische Zahnbürste in den Mund und lässt anschließend den Rasierer surren. Das sind die gelernten Abläufe, die einfach so passieren, dafür muss man nicht wach sein, eigentlich muss man dafür nicht mal wirklich lebendig sein. Dieses festgelegte »wie immer« ist einer Schlinge gleich, die sich immer enger um Roys Hals zieht, diese Determiniertheit des Lebens fühlt sich an wie Eingesperrtsein, und dann klopft es an der Tür, und die Mutter kommt ins Bad und guckt ihn nicht an, und er sie auch nicht, die Peinlichkeit steckt ihm noch in den Knochen. Die Mutter legt eine Hose, ein Hemd, frische Unterwäsche, Socken und einen Pullover über die Stuhllehne, und Roy fühlt sich wie ein gefährliches Tier bei der Fütterung, wo der Löwenfütterassistent auch nur ganz kurz das Gehege betritt, um dann wieder schleunigst zu verschwinden, so wie die Mutter jetzt wieder wortlos durch die Tür abgeht. Es tickt in Roy, so laut, dass er sich die Ohren zuhalten möchte, aber es tickt ja in ihm und seine Finger sind einfach zu dick, sich selbst die Ohrmuscheln rauszureißen.

Da liegt dann diese dumme Stoffhose, dieses karierte Hemd, das viel zu klein ist, und dieser farblose Pullover, der selbst für Blinde eine Geschmacksbeleidigung darstellt, denn Roy denkt, man könne diesen Pulli spüren, man könnte fühlen, dass er scheiße aussieht. Roy zieht all das an, zuletzt die Socken, immer die Socken zuletzt, das hat er irgendwo gelernt, und das geht seitdem nicht mehr weg.

Als er die Küche betritt, kommen da Schlagermusikbeiträge in erstaunlicher Morgenfröhlichkeit an Roys Ohr gerauscht, und sein Vater verbirgt sich hinter der Zeitung, während seine Mutter gestresst an der Küchenanrichte wirkt. Auf seinem Platz steht bereits, wie jeden Morgen, sein Frühstück. Da hat es eine Scheibe Brot mit einer Wurstscheibe darauf, die ein Gesicht hat, und dieses Gesicht grinst Roy jeden Morgen an, und er hasst das Gesicht, er hasst den Geschmack dieser Wurst, und auch das dumme Brot hasst er, aber er setzt sich hin und beginnt, langsam und bedächtig kleine Happen vom Hassbrot abzubeißen. Neben dem Teller steht eine warme Tasse Kakao. Nach jedem vierten Bissen trinkt Roy einen Schluck, und wenn er das tut, so weiß er, ist er immer eher mit dem Brot als mit dem Getränk fertig. Die Mutter dreht ihm immer noch den Rücken zu, und Roy weiß, was sie denkt, er spürt ihre unausgesprochene Anklage durch ihr Schweigen hindurch. Er selbst wird dadurch unsicher, ob es sich bei seiner Egozärtlichkeit wirklich um eine Sünde oder dergleichen handelt. Roy wünscht sich Liebe und erhält stummdummes Schweigen, das Schweigen der Familie, die so beschäftigt tut, dass er unsicher, fast sogar unsichtbar wird. Das ist die Diskrepanz, die diese Familie für Roy so bedrohlich macht. Einerseits das völlige Übernehmen von Dingen, die er selbst kann, und das totale Aufdiktieren eines Geschmacks und andererseits ein eigenartiges Desinteresse an seinen Gefühlen und an seiner Persönlichkeit.

Er kennt sich aus mit Schmerzen, weiß Roy, ja, damit kennt er sich definitiv aus, und das, obwohl er sich noch nie was gebrochen, er sich noch niemals ein Körperteil unabsichtlich frittiert oder ihn ein wildes Tier angefallen hat. Wäre so was schon mal passiert, wäre der Schmerz ein sichtbarer, aber so wie Roy die Lage derzeit beurteilt, wird der Schmerz immer irgendwo unsichtbar unter irgendeiner Oberfläche brodeln. Da sind keine offenen Wunden an Roys Haut, aber unterhalb dieser Haut spielen sich Dinge ab, die sich manchmal wie durch Eingeweide getriebene Mixer anfühlen.

Unter der Haut seiner Mutter, so weiß Roy, da findet auch Schmerz statt, man sieht es häufig an ihren irren Blicken, die derart mit Traurigkeit ausgeschmückt sind, dass sich Roy, sobald diese Blicke ihn treffen, auf einer ewigen Beerdigungsfeier wähnt. In diesen Blicken finden aber ebenso aggressive Anklage, allgemeiner Weltschmerz und etwaiges Desinteresse am Leben anderer statt. Seinen Vater nimmt Roy als nahezu mimiklos war. Sehr häufig starrt er stundenlang irgendetwas an, was Roy nicht sehen kann. Irgendetwas, was wohl im Raum schwebt und den Vater derart fasziniert, dass er den Blick davon nicht lassen kann.

In seiner Kindheit, so erinnert sich Roy kauend mit dem verhassten Wurstbrot zwischen den Fingern, da war die

91

Welt noch ein wenig stabiler, die Eltern relativ freundliche, vor allem aber irgendwie ungefährliche Erwachsene, die versuchten, ihm Dinge beizubringen, was mal klappte, meist aber scheiterte. Irgendwann spürte er dann diese Verzweiflung, die in seine Eltern kam, die Verzweiflung, ein behindertes Kind zu haben, das lernresistent und leicht dümmlich und vor allem stumm durch die Welt gehen musste. Der Vater gewöhnte sich irgendwann an Roys Grenzen, deren Übertreten ihm seine Genetik unmöglich machte. Die Mutter hingegen rieb sich daran auf, wollte die Behinderung nicht akzeptieren, wollte einen gewöhnlichen Sohn mit Abiturfähigkeit haben und nicht so einen mit dicker Zunge und flachem Kopf, in dem nur Dummheit stattfand. Und da sie nicht wusste, wer dafür verantwortlich war, dass Roy eine geistige Behinderung aufwies, so versuchte sie, den Schmerz umzuverteilen. Das meiste behielt sie selbst, einen Bruchteil gab sie immer wieder an Roy und an ihren Mann ab. Sie weinte dann viel, und Roy wusste zunächst nicht warum, erkannte dann aber, dass die Traurigkeit der Mutter ihm gewidmet war.

Das Frühstück ist gegessen und ein weiteres Wurstbrot wird dem Roy von seiner Mutter ausgehändigt, das er in seine Anoraktasche packt. Auch dabei schaut die Mutter Neutralität, sie guckt, wie man sich die Schweiz vorstellt, irgendwie niedlich und konfliktarm, aber eben auch mit einer gewissen Distanz zu allem, wobei sie eine unglaublich unverständlichen Sprache benutzt. »Mein Sohn«, murmelt sie durch ihre eigenen Stolperfallengedanken und guckt an Roy vorbei.

Das Brot ist in dafür vorgesehenes, weißes Papier eingeschlagen, etwas Margarine tritt unter dem Wurstbelag hervor und quetscht sich sichtbar, ja fast fühlbar zwischen Brot und Brotpackpapier. Auch dieses Wurstbrot hat ein Gesicht, und es lächelt Zynismus in Roys Anwesenheit, es scheint ihn auszulachen, dieses beschissene Wurstgesicht. Aber er hat der Wurst etwas voraus, denkt Roy, er ist ja im Gegensatz zur Wurst noch lebendig. Auch wenn es sich manchmal anders anfühlt.

Anschließend geht er hinaus, aus der Haustür, die Mutter bleibt an der Tür stehen, und Roy fühlt, wie sich ihr Blick in seinen Rücken bohrt, der Blick ist eine Waffe, die an seiner Wirbelsäule herumsägt, seinen aufrechten Gang behindern will. Der Blick der Mutter sagt auch so absonderliche Dinge wie: Bestünde die Möglichkeit, den Mongo-Roy heute noch in die Muttervagina zurückzuschieben, um diese erste kaputte Geburt als Versehen zu bezeichnen und ihn dann noch mal zu gebären, diesmal als ausbildungsfähigen, gewöhnlichen Jungen, wir würden es auf jeden Fall versuchen.

Erst als das Elternhaus außer Sichtweite gerät, entkommt Roy dieser Unwirklichkeit, diesen Gedanken voller Seltsamkeit, die er mit sich herumschleppt. Dort ist die Bushaltestelle, die Stelle, an der er allmorgendlich wartet, um wieder zu seinen Schrauben, Tüten und Eimern zu gelangen, aber das ist immer noch um Längen besser, als stundenlang mit Leuten wie seinen Eltern abzuhängen, denen er wie eine Mauer vorkommt, die zwischen ihnen und einem erfüllten und kompletten Leben steht und die Aussicht auf irgendetwas Schönes versperrt. Ja, Roy fühlt sich im Weg, er ist in den Augen seiner Eltern der Staudamm, hinter dem diese überschäumendes, fließendes

Glück vermuten, daher wollen sie, dass er bricht. Aber Roy bricht nicht. Noch hält er all diesen Einflüssen Stand und steht an dieser Bushaltestelle, vor ihm ein Tag, der es auch wieder nicht bringen wird. Das Gefühl, essentieller Bestandteil einer zertrümmerten Landschaft zu sein, macht sich in Roy breit, und dann kommt der Bus.

Ein Tumult, der Tumult wie jeden Morgen, den Bus besteigen, in dem es nach anderen Leben riecht, Leben, mit denen Roy nichts zu tun haben möchte und die sich trotzdem durch Lautstärke oder Geruch derart aufdrängen, dass Roy sich mit ihnen beschäftigen *muss*. Er setzt sich auf einen freien Platz, irgendwo in seiner unmittelbaren Nähe lautiert jemand. Dieses Geräuschemachen um des Geräuschemachens Willen, das hat Roy noch nie verstanden. Aber er weiß auch genau: Würde er sich irgendwann mal entscheiden, sich durch den Mund zu artikulieren, er hätte die Fähigkeit, einen entfesselten Schrei auszustoßen, welcher die hier im Bus vorherrschende Geräuschkulisse sang- und klangvoll zerstört. Dieser eine Schrei wäre imstande, die Worthülse »ultrabestialischlaut« neu zu definieren. Da würde ein Dezibelalarm aus dem Roy erschallen, der den anderen Menschen die Haut von den Köpfen und Körpern risse, und mehr müsse man dann auch nicht mehr sagen, weiß Roy. Aber er setzt sich hin und schweigt, und das innere Lärmen ist viel lauter als das äußere Schweigen. Irgendwo anders, aber auch nah, riecht jemand nach uringetränkter Bekleidung. Der Bus fährt los, und Roy weiß, dass das Leben inmitten dieser anderen lauten Leben wie eine Tätowierung ist, von der man weiß, dass es weh tut, sie zu bekommen, aber auch, dass es unmöglich ist, sie schmerzfrei wieder loszuwerden.

Roy schließt die Augen, der Bus rumpelt langsam und geräuschvoll durch den Morgenverkehr, und Roy denkt an den Morgen, den Morgen, der so kuschelig begann, als sich sein Kopfkissen in die schönste aller ihm bekannten Frauen verwandelte, mit der er dann Fortpflanzungstätigkeiten ausübte. Er erinnert sich sogar an einen Geruch, den die Frau im Halbtraum hatte, sie roch nach Orange und Rose, so unglaublich fruchtschön. Der imaginierte Geschlechtertanz lässt Roy die Geräusche um ihn verdrängen, und er ist wieder ganz der erwachende Körper von heute morgen, als sich diese rothaarige Frau für ihn interessierte, für alles an ihm, für jedes dumme Haar und jeden stupiden Millimeter vom wertlosen Zehnagel. So stellt sich Roy die Liebe vor. Jemand, der alles an einem aufessen will, das ist für Roy aufrichtige Liebe.

Als der Bus vor der Werkstatt hält, kann Roy es kaum glauben, ein Schauer der Erregung fährt ihm durch die Beine, durch sein Genital, durch alles, was er sonst noch ist, und direkt neben dem Bus parkt ein kleines, grünes Auto, ein verdammter Fiat Punto, und Roy entgleist kurz das dicke Gesicht, was aussieht, als würde ihm jemand Unsichtbares eine reinhauen, was aber niemandem auffällt, denn entgleiste Gesichter, die wie Gesichter während eines Schlages aussehen, sind hier keine Seltenheit. Hüpfen will er, der Roy, ob seiner Entdeckung dieses Mobils, hüpfen wie ein beschissenes Sommermädchen auf einer saftgrünen Wiese, aber er verkneift sich ein Hüpfen, geht in gewöhnlichem Trottschritt auf den Eingang der Werkstatt zu und bemerkt nicht mal mehr, wie ihm ein Spastiker beim Überholen auf den Arm sabbert, nein, Roy ist gefangen vom Moment,

95

und das Gefängnis des Augenblicks ist derart schön zu be-
wohnen, dass ihn plötzlich nichts mehr trifft. Er schreitet
durch die anderen herumstehenden Leute, schreitet könig-
lich, denn dieses Gefühl ist in ihm zu gegen. Er ahnt etwas
Schicksalhaftes, was hier geschehen kann, der Halbtraum
des Morgens und nun, als Beweis dafür, dass ein gutes,
aufrichtiges und wunderbewaffnetes Leben tatsächlich
möglich ist, steht hier ihr Auto.

Roy begibt sich an seinen Arbeitsplatz, der ihn täglich mit
unsichtbaren, aber trotzdem spürbaren Ketten empfängt.
Aber irgendetwas ist anders heute, und dann sieht er sie
auch schon. Ihr Gang fällt Roy als erstes auf. Ihr schöner
Gang, den er schon einmal auf dem Supermarktparkplatz
bewundern durfte. »Das ist Solveig, unsere neue Jahres-
praktikantin.« So wird es dem Roy und seinen Kollegen
erklärt, und die Solveig sagt ein paar Worte zu allen, und
die anderen Mitarbeiter sagen auch alle was, und Roy kann
kaum mehr seinen Gesichtsausdruck kontrollieren, und er
schaut in ihre Richtung, und sie schaut sogar zurück und
lächelt, und Roy will genau in diesem Moment mal kurz
tot sein, einfach nur, weil dieser Blick Solveigs ihn derart
mit Leben betankt, dass es sich wie viel zu viel Leben anfühlt, die totale Überdosis, der goldene Schuss, und fast
unaushaltbar zu sein scheint. Jetzt, da ihn Solveig ange-
schaut hat, so richtig mit festem Willen im Blick, da denkt
Roy, dass er jetzt auch alles erlebt hat, einfach nun von
seinem Stühlchen kippen könnte, um lächelnd ins Reich
der Toten überzusiedeln. Aber er stirbt nicht, sein fettes
Herz beschleunigt lediglich die Schlagfrequenz, was ganz
unkontrolliert passiert, und Roy fühlt sich, als würde in
ihm ein Eimer Schrauben umkippen, und das zärtliche Ge-

räusch, was die Metallstifte auf dem Holzboden machen würden, würde endlos in ihm hallen.

Roy beginnt seine Arbeit wie ein Automat, und Schrauben, Tüten und Eimer spielen komische Nebenrollen in einer gerade beginnenden Liebeskomödie. Er sieht Solveig aus dem Augenwinkel mit Mitarbeitern und anderen Beschäftigten herumstehen und Erklärungen geliefert bekommen. Sehr lange stehen sie bei Johanna und beschreiben ihre Epilepsie und was im Falle eines Anfalls zu tun sei. Johanna selbst gibt laute Anweisungen und auswendig gelernte Handlungsrichtlinien preis. »Wenn ich fall, dann nit die Ahme fette halte, tönnte breche«, tönt sie Richtung Solveig, und Roy sieht Spucketropfen von Johannas Mund Richtung Solveigs Gesicht auf die Reise gehen. Der Mitarbeiter fällt Johanna aber ständig ins Wort, korrigiert sie, wo es nur geht, und tätschelt ihren Helm. Roy weiß, dass man auf diese Weise sein Unvermögen in Sachen Menschlichkeit darstellt. Die Überheblichkeit des Mitarbeiters symbolisiert seine eigene Unsicherheit im Kontakt mit Menschen, und diese einfachen Berührungen, die Johanna als vertrottelte Betreute und ihn als herrschenden Betreuer darstellen, die hat er Jahre lang perfektioniert.

Im nächsten Augenblick steht Solveig vor Roy und schaut ihn an, und der unliebsame Mitarbeiter kommentiert Roys Arbeitsverhalten und versucht ihn mit den ihm bekannten Worten zu beschreiben. »Das ist der Roy, unser Goldstück. Der ist so fleißig, man könnte ihn für eine Maschine halten.« Goldstück, Maschine, das sind so Worte, die Roy niemals im Leben auf sich zutreffen lassen mag. Das sind Worthülsen, die ihn entwerten, ihn sozialpädagogisch degradieren, auch aus ihm einen schlichten, dummen Betreuten machen wollen. Zur Krönung seiner Degradierungsansprache legt der Mann Roy eine Hand auf die Schulter, was er sonst nie tut, und Roy zuckt ein wenig, weil der Mann das wirklich noch nie getan hat und es sich deswegen so fremd und distanzdurchbrechend anfühlt, und seine pseudoempathische Stimme tönt in einer ekeligen Pastellfarbe, die für Roy ein wenig klingt wie ein schriller Zahnarztbohrer, der Mundräume verwüstet, und er sagt: »Mit dem Kollegen Roy hier, da kannst du machen, was du willst, er ist ein herzensguter Kerl.« Der Typ ahnt nicht, wie recht er damit eigentlich hat. »Leider spricht er nicht mit uns«, ergänzt der Mann dann noch, als sei Mutter Theresa persönlich in ihn gefahren, und Roy guckt ausschließlich gleichgültig, weil er ja hier wieder die Bestätigung seiner Theorie bekommt, dass Worte die unkonkretesten Beschreibungen der Welt überhaupt liefern können. Kein Gramm Gefühl, was wirklich in Roy steckt, wird durch diese Worte an Solveig getragen, kein noch so schmaler Seelenfitzel Roys wird erahnbar. Der Mann knufft Roy in die Seite, so ein freundschaftlich verständliches Knuffen ist das, das Roy schon einige Male bei Fußballern im Fernsehen gesehen hat, die einen Torjubel zelebrieren. Aber das hier ist das Gegenteil von Freundschaft, weiß Roy, das hier ist eine Theateraufführung, die da heißt »Die Schöne, der Störfaktor und ich.« Solveig lächelt, der unliebsame Mann lächelt, Roy schaut ausschließlich neutral.

Was aber stimmt, ist die Tatsache, das Solveig mit Roy machen könnte, was sie will, und er würde still dasitzen und sich gefallen lassen, was ihm widerführe. Sein Blick klebt aber einigermaßen gleichgültig in den Augen Solveigs, in denen er sich sehen kann, und sie, ja, sie lächelt und hält Roy die Hand hin, und als er ihr seine hinstreckt, um sie zu berühren, fährt da ein Blitz durch seine Eingeweide, der ihn fast von seinem Stühlchen zerrt. Dieser Händedruck dauert länger als ein gewöhnlicher Händedruck, und Roy genießt die kleine Handfläche in seiner Pranke, dieses Haut-an-Haut-Gefühl und die Wärme dieser Mädchenhand verabreichen ihm elektrisch aufgeladene Stöße, die durch die gereichte Hand über den damit verbundenen Arm direkt auf sein Herz schießen. Roy war sich sicher, so fühlt es sich dann wohl an, den Arsch voller Glück zu haben ...

Dass Zufälle niemals Zufälle sind, war selbst Gott nicht bewusst. Da plätschert das Leben runter, Banalitäten folgen auf Katastrophen und umgekehrt, und niemand kann jemals ein System in diesem Ding erkennen, das sich Existenz nennt. Die ist halt da, die Existenz, und man muss als Mensch gucken, dass sie bleibt, und ab und an sind dann Dinge möglich, wie sie grad dem Roy passiert sind. Der Morgen startet voller Peinlichkeit, voller drückender Unzuversicht, man denkt schon, dass Leben wird ein ewig verseuchter, unbestellbarer Acker bleiben und dann passieren doch noch grandiose Dinge, einfach so, ganz so, als hätte Gott seine Finger im Spiel gehabt. Und das Schicksal schlägt mit einer Gutmütigkeit zu, dass man meint, die Sonne geht heute öfter als nur einmal auf. Gott aber spricht: Ich war das nicht!

Wenn ich was drehe, dann durch

Solveig steht im Stau. Um sie herum hupen die Gefühle der Einsamkeit, eine Art Flügelgelähmtheit und allgemeine Beschwernisse durch ihren Job. Es ist heiß, sie hat Durst, die Klimaanlage im Kopf ist kaputt und sie verpasst die Dinge, die sich außerhalb des Gefühlsstaus aufhalten. Das Innere ihres Herzens und auch das Innere ihres Kopfes sind irgendwie kaputt gegangen.

Sie hat gebuddelt, hier, nach Erfahrungsschätzen hat sie gegraben, und alles, was sie ausgrub, war ein kleines Leben, das sich wie ein zugeparktes Auto anfühlt. Da dachte man noch, yeah, das hier ist ja mal die passendste aller Parklücken, und dann parkt man ein und geht kurz weg, und irgendwann kommt man dann zurück und die Karre ist zugeparkt, jemand hat sie unausparkbar gemacht. Man kann zwar einsteigen und sich über den gut eingerichteten Innenraum seines Fahrzeugs freuen, aber was bringt die schönste Fahrgastzelle, wenn man nicht weg kann von da, wo man ist. Solveig kann nicht weg von da, *wer* sie ist, ein unentschiedenes Ding, vom Leben in jungen Jahren derart genervt, dass sie es kaum aushält.

Sie fühlt sich vom Leben belästigt, und das Leben verhält sich wie ein hinterhältiger Triebtäter, der sie mit irrwitzig glänzender Schokolade in die schmutzigsten aller Hinterhalte zu locken gedenkt. Erst sieht das alles immer so aus, als würde das schön werden, was Solveig anfängt, aber dann tun sich nach und nach Risse im Leben auf. Das nennt man dann wohl Erfahrungen sammeln. Solveig hat dafür einen Begriff entwickelt, für dieses subtile Phänomen der glänzenden Scheiße: Welteinsammeln. Ich gehe welteinsammeln, denkt sich Solveig und am Ende muss doch irgendwas aus Kuchen werden. Die eingesammelten Teile der Welt verhalten sich aber zumeist so, dass Solveig darüber nur ärgerlich werden kann.

Der Arbeitstag ist zu Ende, und alle strömen wieder Richtung Ausgang. Obwohl strömen nicht das korrekte Wort ist, denn unter strömen stellt man sich doch eine Bewegungsgeschwindigkeit vor, die deutlich über Schrittgeschwindigkeit liegt. Die Menschen, die hier vermeintlich gen Ausgang *strömen*, haben alle Zeit der Welt oder sind einfach körperlich nicht imstande, eine Art Schrittgeschwindigkeit einzuhalten. Die Langsamkeit, in der hier Informationen von diversen Rezeptoren weitergeleitet werden, die regt Solveig unglaublich auf, und sie merkt, dass diese Langsamkeit sie heute aufgeregter macht als sonst. Aber sie muss sich anpassen. An dieses Tempo. Schritt für Schritt ist auch sie jeden Abend Teil dieser Herde geworden. Eigentlich wollte sie doch nur einen Job machen, aber jeder sauber zu machende Kothintern, jedes eingespeichelte Kleidungsstück und jede zusammenhanglose Lautäußerung macht sie nervös. Sie spürt

101

insgeheim einen Hass auf diesen Haufen genfehlgebildeten Menschenauflauf und weiß, dass die Arbeit hier nicht ihre zukünftige Arbeit sein wird. Aber irgendwie muss sie sich jetzt durch das Praktikum boxen, denkt sie in ihrem mädchenhaften Pflichtbewusstsein. Einen Job zu haben, der einen täglich mehr ankotzt, das kann einen langsam töten. Oder erst mal verrückt machen. Und dann töten und zwar langsam. Aber wie viele Menschen leben so, dass sie entweder auf den Wahnsinn oder auf den Tod warten? Solveig schweigt und versucht, ein bisschen Freundlichkeit in ihrem Gesicht zu platzieren, aber die hat da scheinbar keinen Platz mehr zwischen der zusammengezogenen Stirn und den aufeinander gepressten Lippen, die, würden sie sich öffnen, einfach so, eine Beleidigung nach der anderen ausstossen würden (»... du Spasti, lern mal laufen, bevor du mich hier so anrempelst ... na, los, du vollgefressener Kackrollifahrer, dreh mal am Rad, bevor wir hier alle hinter dir verhungern ... ja, du zimperliesige Psychotussi, so ist das Leben unter einem Epileptikerhelm auch gemeint, also hau dir noch mal selber eine rein ...«) Derlei Zeug denkt Solveig und presst aber ihre Lippen gegeneinander, dass sie fast blau werden, um nicht einfach mal so einen Satz auszusprechen. Diese Sätze befinden sich nämlich direkt an der Oberkante ihrer Unterlippe, und es sind viele Sätze, eigentlich für jeden hier einen. Aber Ehrlichkeit ist selten hier in Gutmenschhausen. Also schweigt Solveig.

Eigentlich aber hat sie Bock, irgendeinen aus diesem Behindertenpack hier herauszuziehen, ihn an die Wand zu drücken und zu ihm zu sagen, dass man es mit dieser hier an den Tag gelegten Langsamkeit in diesen Zeiten der raketenartigen Beschleunigung nie zu etwas bringen wird, und der an die Wand Gepresste würde vielleicht einfach nur Lächeln, weil ihm das egal ist oder weil er vielleicht zu einer Reflexion des Gesagten nicht fähig ist oder weil er erst in seinem zehnwörtrigen Wortschatz kramen muss und ihr dann hochtrabendes, aber thematisch unangepasstes Poesiegut Marke »Wir grillen die Wurst« oder »Hund, Hund, ih, ih« entgegenschleudern würde.

Diese behinderten Menschen regen Solveig derzeit sehr auf. Das Schleichen und dazu dieses zerbrochene Sprechen, auf der Suche nach irgendwelchen konkreten Worten. Es ist gerade so viel Aufregung, dass man dieses Herzkribbeln hat, das einen so gut die Stufe der aufkeimenden Unbeherrschtheit spüren lässt, aber zu wenig, um wirklich auftretend medienwirksam auszurasten. In Gedanken liest Solveig eine imaginäre Zeitungsschlagzeile: »Junge Studentin läuft Amok in Behindertenwerkstatt, Zitat: Ich ertrug diese erbärmliche Langsamkeit nicht.«

Gut, dass es nur ein Praktikum ist, denkt sie, als sie die Autotür ihres grünen Fiat Punto zuschlägt, eine leichte Frustration im Körper spürt und sich wie automatisiert selbst Feuer gibt und das Radio einschaltet. Sie bläst Rauch ins Wageninnere. Dreckig anmutende Stromgitarrenmusik erfüllt die Fahrgastzelle des Kleinwagens aus schäbigen, alten Boxen, und dann fährt sie los.

Als sie den Parkplatz verlässt, sieht sie noch diesen Roy in einem Bus verschwinden und denkt sich, dass der es ja echt mal ziemlich gut hat, bekommt einfach so staatlich subventioniert Arbeit, alle finden ihn immer süß, und er bekommt zu Essen und zu Trinken und einen großen Batzen Behindertenbonuszuwendung. Solveig stellt sich ihr Leben als Behinderte vor, während sie so fährt und raucht und meint, dass das fürwahr ein erquickliches Leben sein könnte. Förderungen und Liebe kassieren, ohne sich großer Anstrengung auszuliefern, sondern einfach nur, weil man ist, wie man ist. In eine mentale Schräglage hineingeboren oder aber hineingeunfallt. Ausweglos zumeist, und hier, hier werden sie aufbewahrt, therapiert und beschäftigt. Schlecht wäre das nicht, denkt Solveig, dann würde vielleicht auch endlich diese Sehnsucht nach Liebe zu Sehnsucht nach Kaffee, und ein Stück Kuchen würde sie so glücklich machen wie lang anhaltender, orgasmusspendender Sex, was so ein Leben ja irgendwie einfacher machen würde. Ja, das wäre ein Leben, denkt sich Solveig, eines, in dem man Forderungen einfach mal behinderungsbedingt ausschlagen könnte und sich hinter der Wand aus Spucke zu verstecken, die man täglich aufstellt.

Solveig aber fühlt, dass sich diese Aggression, die sie gegen die Langsamkeit des umliegenden Lebens fühlt, eigentlich eine Aggression gegen sich selbst ist. Dieses Vielfühlen im Bereich der abgefuckten Gereiztheit ist ein Zeichen des Kaumfühlens im Allgemeinen. Aber sie ist doch eine junge Frau, denkt sie, so jung und erlebnisbedürftig und wird doch nur immer mit dieser elenden Langsamkeit konfrontiert. Nicht nur hier, sondern überall. Die Liebe hat sich versteckt, das große Glück ist ein riesen Arschloch, das immer nur an ihr vorbeigeht, ihr seinen geilen Körper zeigt, um sich dann aber abzuwenden und andere Leute zu besuchen, die dann Kaffee und Streuselkuchen mit dem Riesenarschloch Großglück haben, Hand in Hand auf Stadtfeste gehen und ihre Gedanken auf Dinge fokussieren können, die für Solveig weit entfernt zu sein scheinen. Durchatmen oder so was, oder ein stabiles Herz haben, das zwar Liebe empfinden kann, aber auch stabil genug ist, nicht auszuflippen, wenn sie wieder geht, die Liebe.

Sie fährt stadtauswärts und raucht und denkt sich was, versucht sich mit Klar- und Gefasstheit aus ihrer Lage heraus zu denken. Und ihr Kopf fühlt sich an wie eine Arena, in die böse Gedanken, die mit der Realität zu tun haben, sich mit Mädchengedanken, die mit ihrer Romantik zu tun haben, duellieren, und natürlich gewinnen die bösen Gedanken und zerfleischen die kleine angedeuete Hello-Kitty-Romantik, die dann schmerzverstärkt am sandigen Boden der Arena liegt, und alle blutgeilen Zuschauer brüllen »Tod, Tod, Tod« oder so was, und Solveig versucht umzuschalten, etwas anderes zu empfangen, als diese Sender, die immer nur Unruhe und Anklage machen. So fährt sie und ihr Kopf hat ein Gewicht von tausend Steinen, und irgendwann ist sie an ihrer Mietwohnung angelangt. Die ganze Autofahrt nur geraucht und nachgedacht. Aber das Denken kann man sich schenken, denn das Ergebnis des Denkens ist immer gleich: Es bringt immer neue Verwirrung.

Vor dem Haus steht ein Leichenwagen. Er hat weiße Gardinen an den Seitenfenstern und an der Heckscheibe und eine sehr edle und tiefenentspannte Ausstrahlung, wie er da so auf dem Seitenstreifen steht und Platz einnimmt. Es ist ein Mercedes, und Solveig denkt, als sie aussteigt: »Ja, ja, die Toten, die fahren Mercedes, und die, die am Leben hängen, fahren so kleine Autos, dass sie Platzangst beim Fortbewegen bekommen.« Die Logik ihrer Gedanken erschließt sich ihr nicht, weil darin keine wohnt, und sie läuft die Treppen nach oben und hört ein Wimmern. Ein Wehklagen, und das wird immer lauter, je höher Solveig im Treppenhaus gelangt. Stufe für Stufe lauteres Wimmern.

Solveig sieht aus der Wohnung ihrer Nachbarin zwei Männer kommen, die einen Sarg tragen. Beide tragen schwarze Anzüge und gucken ansonsten sehr neutral und stimmungsegal. Am hinteren Sargträger hängt die alte Nachbarin mit dem leergewohnten Gesicht, die, deren Mann, der jetzt wohl in dieser Kiste liegt, Solveigs Parfüm gefiel. Das alles denkt Solveig sehr schnell, in einer Kombinationsgeschwindigkeit, die sonst nur Tiere haben, die von irgendwas bedroht werden. Ein Fluchtreflex setzt ein. Hier geht es um den Tod, Mädchen, echte Gefühle, lange Liebe und so. Also nichts, mit dem Solveig in ihrer instabilen Lage Umgang pflegen sollte.

Solveig kann kaum atmen, als sie an dem vorderen Sargträger vorbeigehen will, der plötzlich lächelt, aber immer noch so, als habe er kein Gefühl irgendwo, sondern sei ausschließlich mit Neutralschauen und besänftigendem Ausdruckloslächeln beauftragt. Ein seltsames Lächeln ist das, Solveig glaubt auch, dass nur Sargträger so lächeln können, so bestimmt freundlich, aber immer mit einer Pietät im Blick, die sofort kundtut, dass es hier um das Ende eines Lebens geht, dessen Reste jetzt mit Würde weggeschafft werden sollen.

Der hintere Mann redet auf die Frau ein, dass sie ihn bitte loslassen solle, er habe da ja seine Arbeit zu tun, und er wisse ja, wie schwer Abschied sei, aber sie hatte doch wohl genug Zeit, diesen zu vollziehen. Wieder Wimmern der Frau. Sie hängt am Sargträger als trügen beide Bekleidung aus dem Material, aus dem Klettverschlüsse hergestellt werden, und wimmert nur noch, und der Mann, Solveig sieht es deutlich, ist sichtlich genervt. »Bitte, lassen Sie mich los«, spricht er in größtmöglicher tiefenpsychologischer Neutralität. In seiner Stimme, das fällt auf, wohnt auch etwas Melancholisches, was sehr gut dahin passt. So, wie bei der Stimme vom Sänger der Tindersticks, bei dem man ja auch nie sicher ist, ob er jetzt weint oder singt. Warum Solveig jetzt diese Band einfällt, weiß sie auch nicht. Die Tindersticksstimme sagt noch einen Satz: »Wir bringen Ihren Mann jetzt weg, das ist unsere Aufgabe.« Selbst jetzt, wo er ziemlich genervt ist, wohnt da eine wohlige Zärtlichkeit in der Stimme. Solveig denkt an Zartbitterschokolade, als sie die Sargträgerstimme hört und hält ihren Gedanken für Logik. Der Mann will sich jetzt losreißen und verliert dabei den Halt, muss eine Hand vom Tragegriff des Sarges nehmen und einen Ausfallschritt zur Seite machen, wodurch auch der vordere Träger ins Straucheln gerät und sich irgendwie am Treppengeländer abstützen muss, um nicht zu Fall zu kommen. Dabei entgleitet ihm ebenfalls ein Griff der portablen Totentransportkiste, und der Sarg rutscht ihm ab und knallt laut auf eine Treppenstufe und poltert dann unentspannt eine Treppenhauseinheit tiefer. Solveig denkt an Bobfahren. Der Sarg fährt ein Stockwerk tiefer und knallt dort gegen die Wand. Nach diesem Geräusch ist es einen Moment in der Tat totenstill …

Die alte Frau hängt immer noch am hinteren Träger, schreit dann aber laut auf und hält sich dann anschließend beide Hände vor das rotgeweinte, aufgeschwemmte Gesicht und spricht irgendwas mit »Gott« in ihre alten, faltigen Hände hinein. Gott spricht nicht zurück. Sicherlich hat er zu tun oder so, irgendeinem seiner Hobbies nachgehen, Minigolfen, Ponyreiten oder Playstation zocken. Es klingt wie ein Gebet, was die alte Frau da von sich gibt. So ein Gebet von verzweifelten alten Leuten, die Inhaber einer derben Biographie sind. Sie nimmt die Hände vom Gesicht und brüllt die Stufen hinunter, Richtung Sarg: »Hermann, Hermann, ist dir was passiert, geht es dir gut, Hermann?« Hermann antwortet nicht, und die beiden Sargträger rappeln sich wieder auf, die Kiste jetzt aber endgültig fortzuschaffen. Beide sagen kein Wort. Solveig steht steif wie ein kleiner Baum im Treppenhaus, nur fünf Stufen über der Tragödie, und jetzt blickt die Alte sie an und sagt, fast sanft und trotzdem mit einer Zerbrechlichkeit in der Stimme, die Solveig die Gedärme zusammenschnürt: »Sie nehmen mir meinen Hermann weg.« Dann schaut die alte Frau abwechselnd zu Solveig herauf und zu den Sargträgern hinunter, die sich mittlerweile wieder der Kiste gewidmet und diese aus der Ecke des Treppenhauses herausgewuchtet haben. Die Träger tun ihre Arbeit, und Solveig ist starr vor Entsetzen, so überraschend dem Tod begegnet zu sein. Der Blick der Frau trifft sie wieder, aber sie weiß nicht, ob das wirklich *ihr* Blick ist, der da hinter diesem Tränenschleier stattfindet. Könnte auch der Blick eines trauernden Monsters sein. Die Männer haben sich die Kiste gepackt und sind wortlos hinuntergehastet, und die Frau steht im Treppenhaus wie ein Kind, das niemand beim Versteckenspielen gesucht hat und murmelt irgendwas, und Solveig hört die Worte »Gott« und »Hermann« und »Tod« und weiß nicht, was sie jetzt tun soll. Sie könnte ja der alten Frau irgendeine Art von Hilfe anbieten, aber was für eine Hilfe sollte das sein? Was sagt man zu jemandem, den man kaum kennt und dem grad der Langzeitehepartner von Sargträgern aus der Wohnung gezerrt wurde? Was zur Hölle hat man mit einer Frau zu besprechen, die im Treppenhaus steht und so sehr nach Verlust aussieht, dass man meint, man könnte sich an ihren Verlust anstecken? Solveig entscheidet, dass sie mit der Frau nichts zu besprechen hat und geht einfach hoch in ihre Wohnung.

»Was war denn da draußen für ein Geschrei?« Jenny sitzt im T-shirt und Slip am Tisch und klappert Kommunikatives in ihr Laptopgerät. Dann schaut sie kurz auf und sagt zu Solveig: »Boh, bist du blass, ist dir der Tod übern Weg gelaufen?« Diese Frage, obwohl es komplett korrekt und faktisch richtig wäre, jetzt mit einem *ja* zu beantworten, kommt Solveig nicht in den Sinn, also sagt sie erstmal gar nichts und geht ins Badezimmer.

Kaltes Wasser fließt über dürre Frauenhandgelenke, und Solveig wirft sich vom kalten Wasser ins Gesicht, auf das vielleicht endlich mal die Schwermut dieses Tages fort gewaschen würde. Eine leichte Erfrischung kommt auf. Beim Blick in den Spiegel stellt sie fest, dass sie kein ästhetisch benachteiligtes Mädchen ist, sondern eine hübsche, junge Frau, die wie eine zarte Blume mit krass roter Blüte wirkt. Solveig lächelt sich an und lächelt spiegelbildlich zurück. »Ich hab genau nirgendwo ein irgendwie geartetes Problem mit irgendwas«, denkt Solveig dann und fasst ihr Gesicht an und findet ihren gerade gedachten Satz sehr schlau. Ja, verdammt, denkt sie weiter, was hat das ganze Sorgenspektrum dieser Welt eigentlich mit mir zu tun? Noch mal ne Ladung kaltes Wasser rein ins überhübschte Frauengesicht, und dann riecht sie an ihren roten Haaren und ist erregt von ihrer eigenen frühlingshaften Erscheinung. Dass das Leben eher einem Ponyschlachthof denn einem regulären Ponyhof ähnelt, wird ihr immer bewusster. Das Geheimnis wird wohl sein, sich auch auf dem Ponyschlachthof irgendwie wohlfühlen zu können, das Gemetzel an den Tieren zu genießen, eine Niedlichkeitsphobie zu entwickeln und laut und psychotisch lachend durch Pfützen aus Blut zu springen.

»Der Typ von unten ist gestorben, der, der solange krank war, und seine Frau hat das irgendwie nicht so recht verkraftet. Ist noch Kaffee da?« Solveig betritt in einer Gelassenheit die Küche, die leicht modelaufdemlaufstegartig wirkt. Also falsch, künstlich und trotzdem fassadenschön. Sie schaut trocken ins Leere, dann gefühlsunbetont auf Jenny, die immer noch nicht aufschaut und dann sagt: »Aha, ja krass, guck mal in der Thermoskanne nach, da müsste noch ne Tasse rauszukriegen sein, aber Milch ist nicht mehr da.« Solveig wohnt seit fast zwei Jahren mit Jenny zusammen, die immer noch nicht gerafft hat, dass sie ihren Kaffee ohne Zusätze mag. Ihr fällt die Seltsamkeit auf, mit jemandem zusammen zu leben, der scheinbar überhaupt kein Interesse an persönlichen Vibrationen und Gefühlsmanagement zu haben scheint. Klar gab es diese Frauengespräche, manchmal, hier am Küchentisch, aber den richtigen wahren Tiefgang hatten sie nicht, sie waren einfach nur ein Austausch von Informationen über Ist-Stände in Liebesleben und Alltagen.

Jenny ist aufgestanden, läuft zum Kühlschrank, um sich an irgendeinem Saft unbekannten Ursprungs zu bedienen, während Solveig auf der anderen Seite der Küche mit dem Verschluss der Thermoskanne kämpft und schließlich gewinnt, um sich lauwarme, koffeinhaltige Plörre in eine Tasse zu gießen. Sie setzt sich auf einen Stuhl gegenüber von Jenny hin und lässt ihre Gedanken schweifen, während Jenny übereifrig irgendeiner Chatangelegenheit nachgeht.

Was bisher an diesem Leben verlässlich war, war die Unzuverlässigkeit, denkt Solveig. Immer passieren Dinge, die immer denen passieren, denen immer solche Dinge passieren. Solveig wird traurig, erst ein wenig, dann ein bisschen mehr, und sie geht noch mal ins Bad, wieder kaltes Wasser durch ihr Mädchengesicht reiben, und wird wieder etwas stabiler.

Die beiden Mädchen reden noch einige Mädchendinge, aber halten sich immer an der Oberfläche ihrer Befindlichkeiten auf, da, wo es nicht weh tut, da, wo noch das Zusammenleben gewährleistet werden kann. Nicht darüber, nicht darunter. Das Zusammenleben ist ein risikoarmes, aber die beiden Einzelleben sind immer wieder verstrickt in Verfickungen höchsten Grades. Sie erzählen sich ein wenig von ihren Lieben, die irgendwie wie Baustellen wirken, aber Baustellen sind doch manchmal interessanter als Bauwerke. Alles ist noch veränderbar, alles noch architektonisch manipulierbar. Da gibt es noch nichts definiertes, ein Leben aus Knete, das noch alles werden kann, was es jetzt nicht ist. Atomphysiker, Tanzlehrer, Nutte, Truckfahrer, Imbissverkäufer, Präsident und Busfahrer. Alles noch machbar in so einem Leben. Dabei hat Solveig manchmal einfach nur das Gefühl, auf ihre eigene Exekution warten zu müssen. Sie fühlt sich bereits verurteilt von irgendwem, den sie nicht kennt, eine höhere Macht, die sie auslacht oder so.

Die Solveig hat ihre Leben-Baustelle, und die Jenny hat häufig wechselnden Geschlechtsverkehr. Beide geben vor, die Situation zu genießen und irgendwie stilecht gut zu finden. Solveig weiß, dass das Gefühl ins Leere zu lieben, so wie sie es scheinbar tut, ein wenig wie verbluten ist. Ganz langsames Verbluten. Und sie wünscht sich, dass irgendwann Emotionen einfach wachsen, an sie dran wachsen und sie mit irgendwem siamesische Gefühlszwillinge oder so was werden kann. Sie will die unsteigerbare Gefühlssituation, erkennt zwar auch die Gefahr darin, aber die Schönheit blendet ihr einfach die Augen klein und den Blick schmal. Es ist die ewige Suche nach dem inneren Kern des Menschen. Jenny hält ja irgendeinen Punkt in ihrer Muschi für ihren inneren Kern, denn wenn man sie da berührt, kommt da ein Feuerwerk in sie, das für Sekunden alles in ein Licht taucht, um aus der Außen- wie auch aus der Innenwelt einen guten Ort zu machen. Sie mag das geist- und herzlose Verwenden fremder Körper. Liebe ist für sie ein Luxusartikel, den sie sich nicht anzuschaffen wagt. Solveig hingegen ist auf der Suche nach Dingen, für die es sich zu sterben lohnt. Zum Beispiel Liebe. Aber immer mehr merkt sie, dass die Verstecke der Liebe immer ausgeklügelter werden.

Die beiden Frauen geben vor, sich glücklich zu fühlen, machen jeweils gelogene Angaben zu ihrer Gesamtverfassung und fühlen sich einen Moment wie beste Freundinnen. Aber die Nichtexistenz von Vertrauen hindert die Gefühle am Explodieren. Man könnte sich in den Armen liegen und heulen, aber man gibt einander Tipps für die beste aller Haarkuren. Und sie sind beide nur halb so ganz wie sie aus-

sehen, und ihre Körper und Seelen gleichen leidenschaftlich vorgetragenen Lügen. Das ist das geschlossene System
des sozialen Verfalls, und die Frauen nennen dieses System
Wohngemeinschaft.

Die Abwesenheit des Mediums Herznähe, dafür Sprache,
die an Oberflächen kratzt, unter denen unverdünntes Blut
fließt. Da wo die Ehrlichkeit wohnt, da kommen die beiden
nicht gemeinsam an. Es ist einfach für sie, zusammen zu
sitzen, aber es ist so schwierig für sie, sich mit sich und
dem Gegenüber auseinander zu setzen. Manchmal empfindet man mehr für einen Bäcker, der einem ein warmes
Brötchen in die Tüte packt, als für den Menschen, mit dem
man zusammen wohnt.

Solveig geht irgendwann in ihr Zimmer, das Überhandneh-
men der Oberflächlichkeiten in ihrem Leben und speziell
an dieser Unterhaltung geht ihr doch mehr als wünschens-
wert wäre auf die Nerven. Sie fühlt sich wie etwas, das
nicht am Leben teilnehmen darf, irgendwie unerwünscht
und bedeutungslos. Als sie auf ihrem Bett eine Zigarette
raucht und die Wand anguckt, wobei sie tatsächlich das
Gefühl hat, dass sogar die Wand woanders hinguckt, da hat
sie auf einmal das Gefühl, etwas unternehmen zu müssen.
Hübsch und unbeliebt, denkt sie, das geht doch nicht. Sie
fühlt sich wie ein unentdeckter Schatz, einer, von dem erst
noch mal Legenden erzählt werden müssen, damit sich die
Männer aus aller Welt auf die Suche danach machen. Wie
geht das, fragt sich Solveig, sich selbst zur Legende zu machen? Oder erst mal zu etwas, was Beachtung findet? Und
davor zu etwas, was überhaupt erst mal wahrgenommen
werden kann? Lieblos scrollt sie durch die Kontakte ihres

Handys und fühlt sich kurz durch abgelegte Liebschaften und oberflächliche Beziehungen. Claudio, Dirk, Dorian, Emil ... Sie schaut sich Emils Namen noch mal genauer an und versucht in Erinnerung zu bringen, warum es nicht hingehauen hat. Ja, sie war gelangweilt von ihm, und dann denkt sie, okay, er kriegt noch eine Chance, ich bin nicht verzweifelt, denkt Solveig, aber der Mann hat noch eine zweite Chance verdient. Langeweile hin oder her. Besser ist, wenn zweien gemeinsam langweilig ist, denkt Solveig und drückt gleichzeitig die grüne Anruftaste auf ihrem Handy, und es klingelt einmal, zweimal, dreimal, viermal. Und sogar noch öfter. Emil scheint nicht zu erreichen zu sein. Oder schlimmer noch: Er ignoriert sie. Kann ja gut sein, nach dem unguten Ausgang der letzten Begegnung.

Solveig widmet sich wieder ihrem Telefonbuch und scrollt wahllos darin herum. Ihr fallen ein paar Namen auf, die sie gedanklich mit verschiedenen Gesichtern und Geschehnissen abgleicht. Adam. Polnischer Aushilfskellner im Nachtclub. Ist ein Handjob für einen Freigetränkeabend nicht in Ordnung? Bea. Lesbische Studienkollegin, die immer mal wieder versucht, Solveig klar zu machen. Aber wenn ich Lust auf gleichgeschlechtlichen Verkehr hätte, dann bestimmt nicht mit einer Frau mit Oberlippenbart und kahl rasiertem Schweinekopf. Dennis. Gitarrist in einer begnadeten Indieband. Leider viel zu umschwärmt, um klar denken zu können. Ines. Beste Freundin im Dorf, aus dem Solveig kommt. Leider mittlerweile so verwachsen mit ihrer Bürgerlichkeit und seit zehn Jahren mit dem gleichen Partner zusammen, dass Solveig diese »best friends«-Geschichte derzeit häufiger in Frage stellt. Nino. Ein everybodys-Darling-Eisverkäufer, der mit seinem Blick nicht nur Eis zum schmelzen bringen kann. Viermal gefickt, bevor er sie fallen ließ. Simon. Freundlicher Typ aus dem Internet. Hat aber eine Freundin, die er nicht bescheißen möchte. Dieser ehrliche Idiot. Ulrike. Solveigs Schwester. Hat irgendwie mehr Glück, hat seit 2 Jahren einen tollen Mann und mittlerweile auch einen kleinen Sohn. Obwohl Glück ja immer relativ ist. Aber in Relation zu was eigentlich? Letztendlich will Solveig auch so ein Leben mit bürgerlichen Werten, müssen ja nicht unbedingt kleinbürgerliche Werte sein, aber jemand, der sie hält, ein verlässlicher Partner, der ihr eventuell Kinder machen und diese mit ihr ins Erwachsensein begleiten mag, das fände sie schon sehr schön. Dann summt ihr Handy … Emil … »Hey, äh … du hast mich angerufen?« Solveig überlegt, ob es Sinn macht, ihr von ihrer leicht verzweifelten Tiefsinnigkeit und ihrer kleinen Angst vorm Alleinesterben zu erzählen und sagt: »Ja, äh, hatte ich. Ich wollte mal fragen, was du heute Abend so machst?«

Sie trafen sich in der Stadt, in einem kleinen In-Café. Emil sah noch genau so langweilig aus wie sie ihn zuletzt zurückgelassen hatte, aber er war eine Option, nicht allein zu sein, nicht die Wände und die Decke des WG-Zimmers näher rücken zu fühlen. Sie begannen sofort zu trinken und verbale Belanglosigkeiten auszutauschen. Es folgten Discobässe, Desinteresse, falsches Lachen, Wirrwarr, Küsse im Taxi, die nach nichts schmeckten. Abgeschmackte Lieblosigkeiten. Ein Abend, beschienen von den bescheuerten Lichtern der Stadt und nicht verschiedener als andere Abende, an denen sich Solveig einsam fühlt. Jede Umarmung fühlte sich wie ein Mordversuch an. Nichts passte ineinander, dann doch, irgendwie, aber nur mit Geduld und Gewalt. Die Gewalt, sich zu überzeugen, dass man das Richtige tut. Der Mensch falsch, die Zeit falsch, die Liebe nicht vorhanden, aber ein Trieb, zwei Triebe, keine Romantik, nur der Versuch, Lustgewinn zu erzielen durch die Benutzung eines Körpers. Chaos und dann aufkeimender Wunsch nach Sexualität. Irgendwo blieb die echte Sehnsucht auf der Strecke und wurde durch das Gefühl ausgetauscht, dass man hat, wenn man auf der öffentlichen Toilette nach dem Kacken bemerkt, dass es kein Klopapier hat.

Ein Verzweiflungsfick mit dem langweiligen Mann. Die halbbesoffene Stimmung machte Solveig und Emil sich traurig und hektisch ausziehend, und dann lagen sie auf einem Bett, und es war sogar scheißegal, ob es das Seine oder das Ihre war, und sie fickten los, fickten in einem Tempo, so schnell, dass es wirkte, als wären sie auf der Flucht vor der Traurigkeit, die sowieso irgendwann wiederkommt und die dann, nach dem sinnlosen Benutzen fremder Körper immer noch ein bisschen schlimmer ist. Das Schlimmste aber ist wohl, dass dieser Sex nur ein bestimmtes Tempo haben kann und sich sogar schon in die Gewalt der Triebe traurige Gefühle mischen, die eigentlich beiden sagen: »Liebe Leute, Freunde der seelischen Verstümmlung, was zur Hölle macht ihr hier eigentlich?« Früge man die beiden das, sie hätten darauf keine Antwort. Ist aber keiner da, der fragt. Also machen sie ihr Ding zu Ende, verbinden zwei Körper, die nicht zu einem werden wollen.

Irgendwann ist der Quatsch vorbei, und es stellt sich nichts Behagliches ein. Sie reden kein Wort, denken und gucken aneinander vorbei, im Halbdunkeln des Zimmers hält sich mehr Traurigkeit auf, als es in diese beiden Körper zu passen scheint. Die ganze Belanglosigkeit wird von Zellstofftüchern abgewaschen, ein Kondom wird oben verknotet, und dann kommt da eine Leere auf die beiden runtergerauscht, die so leer ist, dass man fast ein neues Wort für Leere bräuchte. Ein Blickkontakt ist nach dem Fickkontakt unmöglich geworden, weil beide wissen, Solveig und Emil, dass der Beginn einer guten Zukunft sich anders anfühlt. Irgendwann fängt einer dann an zu gehen, irgendeinen Quatsch vom letzten Bus zu reden, obwohl schon lange keiner mehr fährt, und verschwindet. Ein letzter flüchtiger Kuss wird vom flüchtenden Menschen angeboten. Der andere Part bleibt liegen, unbefriedigt von allem, die böse, unemotionale Welt verfluchend, deren Bestandteil man doch selbst ist, was man aber beflissentlich verdrängen kann.

Hier war nichts zu holen, außer Demut, denkt sich Solveig, als sie allein in ihrem Bett liegt und die Wände und die Decke näherkommen fühlt. Ganz langsam bewegen sie sich auf sie zu, wollen ihr zuleibe rücken, sie letztendlich zerquetschen und ihr beweisen, dass sie diese Hilflosigkeit, die in ihr tobt, nicht mit sexuellen oder sonstigen Events dezimieren kann.

Liebe, denkt Gott, Liebe ist so was von out. Das ganze Prinzip der Liebe funktioniert nicht mehr. Einst war es eine gute Erfindung, um die Leute irgendwie zu kontrollieren. Die Grundidee der Liebe war es nämlich ursprünglich, dass jede und jeder einen Platz findet, irgendwo eine Sicherheit genießen kann, die Verliebte harmomisch karamellisiert und mit einer zuckrigen Dummheit ausstattet. Verliebten Menschen ist viel egal, was außerhalb ihrer Liebe stattfindet. Außerdem sollten durch die Liebe neue Menschen entstehen, daher wurde die Geilheit entwickelt, auch für hässliche Geschöpfe.

Fortpflanzung kann jeder, so hieß es damals, und die Leute standen am Ufer dieses Gefühlssees und starrten versonnen in die Weite, ausgestattet mit intensiver Scheißegalheit, was denn hinter dem Horizont noch läge.

Wenn Leute nur an der Oberfläche dieses Gefühlssees schwömmen oder sich weiterhin lediglich am Ufer aufhalten würden, würde das auch alles funktionieren, aber irgendwann kamen die Leute an und hatten Taucherausrüstungen dabei und wollten den See der Liebe brutal durchtauchen, um jeden noch so entlegenen Winkel kennen zu lernen. Und daran ist die ganze Sache dann gescheitert. Alle wollten zuviel wissen, und als dann alle alles wussten kam eine große Langeweile über die Leute. Diese verdammte Langeweile, die sich in absolut harmonischen Leben befindet, die führte langsam aber sicher zu einer Grundaggression. Die ewig gleichen Tage mit den ewig unspannenden Menschen zu erleben, dass führte zum Verlust der eigentlichen Idee von Rückhalt. Die Abspaltung der Geilheit von der Liebe tat ihr übriges. Diese Grundaggression schlachtete Herzen aus und machte unglaublich viele liebesunfähige Opfer, die heute in den Praxen der Psychoanalytiker und Aushilfsschamanen Schlange stehen und nicht wissen, wie ihnen geschieht. »Damals konnte ich noch lieben, heute ist alles leer da drin«, hört man die ehemals Gefühlsduseligen jammern und auf den Ort in ihrer Brust deuten, wo sie mal ein funktionstüchtiges Herz hatten. »Denen wurde die Liebe amputiert«, denkt Gott und schlussfolgert: »Selber schuld!«

Diletalentiert und disziplaniert

Das Elend der Beerdigung noch im Kopf. Und so traurige Wörter in den Ohren. Obwohl doch vorher schon alles klar war, obwohl schon vorher Zeit genug war, sich auf genau diese Art von Abschied vorzubereiten. Ingeborg stand dann noch lange vor dem Loch, in das sie Hermann gegeben hatten und wusste doch, dass er eigentlich schon viel früher gestorben war, aber die Tiefe, in die er nun gebettet wurde und der geschlossene Eichensarg, den sie sich kaum leisten konnte, ließen keine Zweifel mehr zu. Still war es auch schon vorher, aber die neue Stille ohne Hermann hatte eine neue Qualität. Sie war viel leiser als alle zuvor bekannten Stillen, denen Ingeborg begegnet war.

Den Mann, die Liebe, das Alles zum Festhalten, zum Sinnmachen, das musste sie in ein Loch lassen und dann Erde drüber und ein Stein drauf, und weil die Sache nicht vorbeigeht mit der Liebe bringt auch die dünne Schicht Erde nichts. Sehnsucht besteht.

Und dann, eine Woche später, muss sie, um nicht zu verhungern, einfach nur ein Brot kaufen, und die Bäckereifrau guckt so freundlich, so leidlos beschmiert, wie jemand nur gucken kann, dem noch keiner weggestorben ist, und Ingeborg guckt die Bäckereifrau an und diese grinst zurück, und Ingeborg will weinen oder einfach gehen, aber sie bleibt und sagt: »Ein Weißbrot, bitte.« Und die junge Frau Bäckereibedienstete reckt sich formschön nach dem Kastenweißbrot, und Ingeborg fällt etwas ein, nämlich der Weggang von Hermann, und ganz leise sagt sie: »Ach, warten sie, ein halbes reicht auch ...« Ist das schon Akzeptanz, denkt Ingeborg oder nur Pragmatismus? Es wird angefragt, ob denn das halbe Brot geschnitten werden soll, und Ingeborg hat sich noch nie ein Brot schneiden lassen und meint: »Ja, bitte, dünne Scheiben.« Und die Bäckereifrau guckt so, wie man auf mitleidige Weise alte Leute anguckt und gibt das halbe Kastenweißbrot in eine Apparatur, die kurz wackelt und das Brot scheibenweise wieder ausspuckt. Die Scheiben gibt sie in eine durchsichtige Tüte und händigt diese Ingeborg aus, die sich fragt: »Merken die Leute, weil ich weniger zu Essen einkaufe, dass der Hermann nicht mehr da ist?« Die Bäckereibedienstete lächelt still und fragt, ob es sonst noch was sein dürfe, ob sonst noch ein Wunsch bestehe, und Ingeborg fühlt, wie sich ihre Augen mit Tränen füllen. Den Wunsch, den ich habe, kannst du mir nicht erfüllen, Brotfrau, denkt die Ingeborg und lächelt und sagt: »Nein danke, alles zur besten Zufriedenheit.« Dann zahlt sie und geht.

Geht zurück in ihre Wohnung, macht die Tür zu, und die Stille, die hier herrscht, ist so unglaublich würdelos. Es ist die Stille, die einen bedroht, die sich um einen schleicht wie ein Tier, das einen langsam zerfleischen möchte. Ingeborg schleicht durch die Küche, macht das Radio an, und was

120

rausfließt, lindert ein wenig die Wunden, die durch die Stille entstanden sind. Als Hermann noch hier war, konnte man an der Frequenz seiner dünnen Atmung sein Dasein, seine Existenz festmachen. Jetzt ist das einzige, was bleibt, ein Grab, darauf ein dummer Stein mit seinem Namen, auch der war so unglaublich teuer, dass Ingeborg sich kaum noch was zu kaufen traut.

Ingeborg sitzt allein in der ansonsten nur durch schmächtige Schlagermusik durchfluteten Wohnung und kämpft mit den Tränen, die ab und an gewinnen, und nach einer kurzen Phase des Weinens gewinnt Ingeborg erneut die Oberhand und die Kontrolle, aber dann beginnt so ein Kreislauf aus Denken, Weinen, sich zusammenreißen und schweigen. Da das belastend ist, sich wie Steine in den Taschen anfühlt, steht Ingeborg auf und läuft orientierungslos in ihrer Wohnung umher. Da, wo das Pflegebett stand, in dem Hermann einfach so belanglos starb, da hält sie einen Moment lang inne und atmet schwer. Atmen ist ja auch eine Angelegenheit, die viel zu viele Leute für viel zu selbstverständlich halten. Atmen ist Arbeit, weiß Ingeborg, als sie auf dem Platz steht, an dem das, was Hermann zuletzt war, von dieser Welt floh. Aus dem Radio singt Udo Jürgens »... siebzehn Jahr', blondes Haar, so stand sie vor mir ...« und Ingeborg will eigentlich jetzt alles laufen lassen, den letzten Funken Trauer aus ihrem Körper pressen, aber dann machen ihre Gedanken etwas eigenartiges. Plötzlich sieht sie eine Art Zeitstrahl vor sich, der sich vor ihrem inneren Auge in die Länge zieht. Darauf sieht sie einen langen Weg, der bereits zurückgelegt wurde, sieht Spuren von sich und von Hermann, und irgendwann kommt sie zu einem Punkt, der Punkt, an dem sie jetzt gerade steht, und der Punkt will etwas von ihr, weil er so einen aufgeregten Glanz hat, und der Zeitstrahl hört genau an diesem Punkt auf. Ingeborg merkt aber, dass ihr Leben nicht zu Ende ist, nein, das Leben geht weiter, das merkt sie jetzt, als sie die Arbeit ihrer Lungen und ihres Herzen bemerkt, dass einfach so unaufgefordert weiter ihre Gedanken nach vorne treibt. Bumm, bumm, bumm sagt das Herz, und Ingeborg sagt nichts, schweigt in ihre Küche hinein und denkt ein paar krumme Gedanken.

Beispielsweise denkt sie, dass so ein Leben, das sie mit Hermann erlebt hat, natürlich ein zufrieden stellendes Leben gewesen ist, alles war dran an diesem Leben, es gab Gewohnheit, es gab Liebe, es gab die Gewohnheit an die Liebe, und man legte sich im Laufe der Jahre immer mehr Strukturen auf, kleine Alltagsfesseln, die aber gut taten, weil sie was mit dem zu tun hatten, was Ingeborg war, nämlich Hausfrau und Ehefrau. Jetzt ist sie Witwe, ein seltsames Wort, das Ingeborg ein paar Mal leise vor sich hinspricht: »Witwe, Witwe, Witwe ...« Dann kichert sie ein wenig, weil das Wort irgendwie komisch klingt. »Witwe, Witwe ...«, sagt sich noch mal und steht auf und geht zum Kühlschrank. Da liegen Dinge rum, die Ingeborg an Hermann erinnern, seine Lieblingsmarmelade, Waldfrucht, Mangojoghurts und die Wurst mit dem Bärengesicht drauf, die Hermann so gerne aß. Die bärengesichtige Fleischware kommt ihr jetzt extrem fremd vor, obwohl sie Hermann immer davon auf sein Brot gab, jeden Morgen, und dann wurde gelächelt, abgebissen, geschwiegen, die Zeitung genommen und in aller erbarmungsloser Stille weitergefrühstückt. Ingeborg holt die Dinge, die Hermann mochte, aus dem Kühlschrank heraus. Die Bärenwurst sieht sie sich noch einmal skeptisch an und sie versucht, sich an sein Schmatzen zu erinnern, welches er an den Tag legte, nachdem er kräftig von einem Brot mit Wurst mit Bärengesicht abgebissen hatte. Dann nimmt sie jeden Gegenstand einzeln und gibt ihn liebevoll in den Mülleimer. Weg damit, raus aus diesem Leben, denkt sie. Hermann ist tot, die Erinnerung an ihn ohnehin beständig, doch Ingeborg fühlt, dass ihr selbst nicht mehr viel Zeit bleibt, an diesem großen Ding namens Leben teilzuhaben, weswegen eine Unruhe in sie gerät. Da kommt ein Zittern, sie merkt es in ihrem Herz, ja, ihr fettes Herz zittert und sie fragt sich: Was, wenn ich jetzt hier einfach auch so umfalle, hätte ich alles gesehen, was zu sehen möglich gewesen ist. Sie fragt sich leise, ob sie ein Leben gelebt hat, dass über eine bloße Existenz hinausging oder ob man es wirklich mit gutem Gewissen *Leben* hat nennen können. Es ist ja noch nicht vorbei, dieses Leben, kommt ihr dann in den Sinn, und das Herzzittern wird immer heftiger, eine unbestimmte Sehnsucht nach ungesehenen Dingen verfestigt sich in ihrem Zitterherz. »Geh raus!«, schreit ihr Herz sie plötzlich an, und bevor Ingeborg fragen kann, was das denn bringen würde, geht sie wie eine ferngesteuerte, willenlose, aber immerhin altersbedingt langsame Puppe zur Garderobe, um sich wetterfest zu bekleiden.

Plötzlich steht Ingeborg im Flur. Sie riecht das Mädchen, das diesen wunderbaren Duft mit sich trägt. Oben schließt sich die Wohnungstür, und sie hört kleine Schritte, die wahrscheinlich von dem duftenden Mädchen her rühren. Die Schritte sind langsamer als sonst und der Duft viel intensiver. Ingeborg schließt auch ihre Tür, und die Schritte nähern sich. Das Duftmädchen schaut sie an und lächelt schief und schaut dann schnell wieder weg, um hurtig an ihr vorbei zu gehen. Dann wird Ingeborg plötzlich bewusst, dass das Mädchen ja alles weiß, dass sie auch hier auf den Stufen war, als Hermann im Sarg auf den unter ihnen liegenden Treppenabsatz polterte. Sie war Zeugin des Dramas, das sich hier abspielte. Sie hat Ingeborg in einem ihrer hilflosesten Augenblicke gesehen. Das verbindet, denkt Ingeborg und will noch was die Treppe runter rufen, dem gut riechenden Mädchen hinterher, aber die ist schon weg, außer Sichtweite, ihr Geruch allein steht noch im Flur und versucht, einen Zauber zu gestalten. Ingeborg geht langsam weiter, steigt altersentsprechend langsam die Stufen hinab und ist irgendwann vor dem Haus. Noch richtungslos verpeilt denkt sie: Ja, wohin denn jetzt. Es ist kalt, also muss sie sich bewegen, also bewegt sie sich. Außerdem ist es dunkel, und Ingeborg erkennt kaum den Gehweg unter ihren Füßen, aber dieser Moment des Draußenseins spült alle Zweifel weg. Fallen und sich den Oberschenkelhals brechen? Egal. Orientierungslos aufgefunden und ausgeraubt werden? Das Leben ist halt so …

Ingeborg läuft wie ein unlängst aus dem Zirkus befreiter Tanzbär, der nun endlich in freier Wildbahn die Dinge unternehmen kann, die Bären halt so tun, also sich dunkle Schaufenster angucken und sich auf Parkbänken ausruhen, bis es zu kalt wird, um sich noch weiter auszuruhen. Dann weitergehen, sich durch die Welt schleichen und hoffen, dass einen niemand mehr aufhält.

Die Luft schmeckt nach Güte, Hermann ist nur noch ein verschwommenes Gefühl, von dem sie aber jedem Menschen hier erzählen könnte. Die Großartigkeit ihres phänomenalen Mannes, für den sie über die Hälfte ihrer Lebenszeit in einem Haus verbrachte, welches nach dem Verlassen wie ein Gefängnis wirkte. Sich von einem unbewussten Gefängnis langsam zu entfernen, fällt Ingeborg auf, verströmt echt mal Wohltat. Ingeborg denkt an Erbsensuppe mit Mettendchen, und die Welt ist gut, und Ingeborg läuft, atmet und schafft Distanz.

Ach komm, Gott, lass die Leute laufen, denkt Gott und spürt, dass Laufenlassen das einzige ist, was dieser Welt noch zuträglich ist. Hilft zwar nichts, ist aber zuträglich. Solange sie in Bewegung bleiben, solange haben die Menschen das Gefühl, dass noch irgendwas passieren kann, und auch wenn dann nichts passiert, so haben sie sich wenigstens bewegt. Und so schleichen und rennen sie durch die Tage, ausgestattet mit minimalistischen Bewusstseinen und mit unklaren Routen und Zielen. Das ganze wirkt wie ein anarchistischer Ameisenhaufen, durchgeknallt, zersprengt, orientierungs- und richtungslos. »Die Königin ist tot«, schreien einige, andere »Es lebe die Königin«, und jeder macht sein Ding. Sie laufen ziellos umher, navigiert durch Impulse. Und Gott sah, dass alles irgendwie scheiße war. Und manche denken: Jeder für sich und Gott für uns alle, und Gott denkt: Jeder für sich und Gott gegen alle.

Ich rechne mein Leben nicht in Lohnen und Nicht-Lohnen ab

Es ist der frühe Morgen des Tages, an dessen Abend Ingeborg das Haus verlässt, um zu einer Freiheit zu gelangen, die ihr passen soll wie dieses Kleid, welches Hermann ihr mal kaufte, welches er einfach so aus einem Regal riss und es ihr reichte, und sie zog es an und glaubte wieder an Zufall und dass es gut war, dass er hier war, dieser Hermann. Welcher Mann kann das schon, einfach so ein Kleid in der passenden Größe seiner Frau aus einem Regal zerren und damit die Welt in Ordnung machen, zumindest für die Dauer kleiner Momente.

Beim Sterben ist jeder allein, wird dem Mann klar, und er würde echt gerne weiteratmen, aber er fühlt, dass da einige Säcke auf seiner Brust liegen, und womit sie gefüllt sind, weiß er auch nicht, aber sie liegen da auf ihm und werden von Sekunde zu Sekunde schwerer. Erde wem Erde gebührt.

Gott ist mal wieder gelangweilt, und das, was hier passiert, ist sein Alltagsgeschäft. Er hat Pädophile, Nazis und Volks-

musiker erfunden, ihm ist also einiges an Humor zuzutrau-
en, mag man meinen, aber jemanden umfallen zu lassen,
das passiert täglich, das ist nur Statistik, da wird ein Haken
drangemacht, und der Vorgang ist fertig. Dass die Menschen
immer so ein Spektakel um ihre Tode machen, nervt Gott
gewaltig.

Es ist Freitag und der Tag noch ein junges Ding. Gerade
schaute er noch in den Spiegel, der Mann, und rasierte
sein lustiges Gesicht, tat Schaum auf die Wangen und an
den Hals und griff zur Klinge, die er dann in einer aus
jahrelangen Erfahrung kombinierten Druckgrad aus Härte
und Sanftheit über sein Gesicht gleiten ließ. Die Luft, so
erschien es dem Mann, war schon den ganzen Morgen, seit
dem Aufwachen, ein wenig dünn gewesen, irgendwie fühlte er sich, als atmete er durch einen Filter, und ein leichtes
Schwindelgefühl und Schulter- sowie Armschmerzen nicht
nachvollziehbarer Herkunft machten sich an ihm zu schaffen. Er schob es auf irgendwas mit Klima oder Alter, was ja
schon mal vorkommt, Klima oder Alter oder das einfache
Erleben eines Scheißtages. Mit Scheißtagen kennt er sich
aus, der Mann. Wenn er die Scheißtage seines Lebens denen, die er wirklich gern erlebt hatte, gegenüberstellt, so
überwiegen die Scheißtage in einer erhabenen Deutlichkeit. Dieser Tag ist noch nicht alt und schon scheiße, dachte
der Mann und rasierte sein lustiges Gesicht, welches unter
den Rasurbewegungen nachgab. Die Klinge fuhr über die
faltige Haut mit den grauweißen Bartstoppeln darin und
hinterließ Straßen im Gesicht des Mannes, und wenn der
Arm und die Brust nicht so geschmerzt hätten, wäre das
vielleicht der Punkt gewesen zu diesem Tag zu sagen: »Ach
komm, du kleiner Freitag, jetzt hast du deinen Spaß gehabt,

jetzt bin ich mal dran. Jetzt will ich mal leben, nicht immer nur diesem Druck ausgesetzt sein.« Aber dieser Freitag war anders drauf, er war ein fieser, krasser, böser Freitag, und sein Datum wollte ein Todestag sein, zumindest hier, und er, der Freitag, hatte einen Myokardinfarkt mitgebracht, dem er dann dem Mann überreichte.

Ins Bad hat er es also noch geschafft, und nach zweimaligem Entlanggleiten der Rasierklinge über seine linke Wange meinte die Schwere der Säcke auf seiner Brust so stark werden zu müssen, dass die Atemluft ausbleibt, und der Mann sieht sich langsam im Spiegel ausbleichen. Zunächst sah er sein eingeschäumtes Gesicht in aller Deutlichkeit, und dann wurde es immer undeutlicher, wie dieser Punkt, den man sieht, wenn man einen Bildröhrenfernseher ausschaltet. Schließlich war der ganze Mann nur noch ein Punkt, der langsam zu Boden gleitet, irgendwie Halt am Waschbecken sucht, doch das Waschbecken meint »arschlecken« und lässt den Mann vorbeigleiten, der dann wie ein hingeworfenes Handtuch auf den kalten Badezimmerfliesen liegt.

Da liegt der Mann dann, wie ein dünnes Kind, das mit einem viel zu schweren Schultornister auf den Rücken gefallen ist, und irgendjemand kommt vorbei und stapelt noch mehr Säcke auf des Mannes Brust, und der Atem wird immer schmerzhafter und der Schwindel immer selbstdrehender, und er sieht nur noch einen kleinen schwarzen Punkt, einen kleinen schwarzen Punkt in ansonsten weißer Umgebung und der Punkt sagt: »Scheiße, nein, nein, nein, du kannst doch nicht so einfach sterben, steh auf jetzt« und der Mann will auch was sagen zu dem Punkt, doch die Stimme bleibt in ihm, und er fühlt ganz seichtes Wegdämmern und gleitet vom letzten Fetzen Lebendigkeit in gnadenlos unumkehrbares Sterben. Der Punkt hält die Fresse und ihn fest, das spürt der Mann noch, und dann ist auf einmal alles egal. Der Punkt spricht nun in der verweinten Stimme seiner Frau, diesen wehklagenden Klang, er kennt ihn nur allzu gut, und dann schweigt die Stimme

Wo der Mann jetzt hingeht, ist Ruhe, Licht und ansonsten Freizeit. »Leck mich fett und vor allem recht nachhaltig«, denkt sich der Mann, »wenn ich gewusst hätte, wie schön es hier ist, wäre ich schon vorher mal vorbeigekommen, aber so was sagt einem ja keiner.« Er geht ein paar Schritte und es wird alles immer schöner. Die Umgebung ist mit einer seidigen Farbe in die Atmosphäre gemalt worden, und der Mann fühlt sich wie in einem Gemälde von Claude Monet. Halbrasiert und vollends glücklich läuft der Mann weiter ... durch einen Tunnel. »Hallo, ich bin Hermann«, wird der Mann von der Seite von jemandem angesprochen und traut seinen Augen nicht. Dieser Hermann hat zwei Bierkrüge in der Hand und reicht ihm einen davon. Dann gehen sie zu einer Großbildleinwand, wo irgendein Fußballspiel gezeigt wird. Halbausgezogene, stumme Mädchen zapfen Biere und grillen fleißig fleischiges. Einige befummeln sich dabei gegenseitig. Krasser Scheiß, das alles hier. Ein anderer Typ schleicht gelangweilt durchs Bild und hakt auf seiner mitgeführten Liste einen Namen ab.

Roy hat gar nicht gemerkt, dass Solveig sich genähert hat, so gedankenverworren war er, und sie, ja sie war die letzten Tage schon so unglaublich traurig, so dass er versucht war, möglichst unauffällig zu agieren, um bloß nicht irgendwas

129

zu tun, was sie nerven könnte. Sie hatte gedanklich zu tun mit irgendetwas Großem, das entging dem Roy nicht, aber was es war, konnte er in ihren Augen nicht lesen, auch in ihrem Gang nicht, aber es war etwas, was ihr Steine in den Rucksack tat. Ihre Bewegungen waren schwer, sie wirkte müde. »Komm bitte mal mit, Roy«. Solveig steht in vollem Glanz vor ihm, es ist aber ein leicht verstaubter Glanz, etwas liegt in ihrem Blick, was er nicht wirklich einschätzen kann, aber der Aufforderung mitzukommen, kommt er gerne nach. Er senkt behutsam eine Schraube in einen Eimer und Solveigs Augen wirken wie zwei kleine grüne Ponys, die in verschiedene Richtungen laufen wollen und irgendwie dazu aber zu träge sind. Roy steht auf und folgt Solveig ins Büro. Sie läuft langsam, Roy noch langsamer hinterher, der Blick auf ihren Rücken, ihre roten Haare, ihre federnden Beine, die scheinbar direkt aus ihrem runden Arsch wachsen, all das saugt Roy in sich auf. Alles, was in ihm genetisch offenkundig schief gelaufen ist, hat in Solveig die glänzendste aller Vollendungen gefunden. Was für ein unglaublich schöner Mensch, denkt Roy und würde sich für diesen unglaublich schönen Menschen vor jedes Auto der Welt legen …

In diesem Raum riecht es überdeutlich nach Solveigs Schönheit, findet Roy. Da sitzt noch ein anderer Mitarbeiter im Büro und schaut ebenfalls ernst, und Solveig setzt sich neben ihn, und der Mann beginnt schleppend zu reden: »Roy, deine Mutter hat gerade angerufen.« Er macht eine theatralische Pause, und Roy guckt direkt in Solveigs Augen und fühlt sich wie von ihnen hypnotisiert. »Roy«, der andere männliche Mitarbeiter hält ihn an seinen Unterarmen fest, legt seine Hände darauf, und Roy zieht daraufhin die Arme

130

weg und schaut ihn gleichgültig an. Anfassen soll ihn keiner einfach so. Solveig dürfte das, aber bei dem anderen Mann empfindet Roy das als Übergriff. Beim hurtigen Armwegziehen tritt etwas Sabber aus seinem Mund, und seine Zungenspitze zeigt sich durch die leicht geöffneten dicken Lippen. Roys Sabber schickt sich an zu rinnen, das Kinn hinab, und ein kleiner See aus Spucke, auf dessen blasenschlagender Oberfläche sich Roys Seele spiegelt, bildet sich auf seinem jeansbehosten Oberschenkel. Solveig schaut jetzt auf den Schreibtisch, der für Roy wie eine Barrikade wirkt, die zwischen ihm und Solveig und dem anderen Mitarbeiter errichtet wurde. Zum Schutz vor zu viel Nähe oder so. Roys Gehirn schlägt Funken, brennt mit seinen unkontrollierbaren Gedanken durch. »Roy«, sagt der Typ jetzt noch mal und zwar etwas lauter, und Roy wird aus seiner Hypnose gezerrt wie ein tiefenentspannter Buddhist aus der Yogabetäubung. »Roy, dein Vater ist heute morgen gestorben ...« Das Schweigen, das Roy ohnehin bevorzugt, ist jetzt im ganzen Büro zugegen. Sekunden fallen auf den Boden und zerbrechen dort. Solveig steht in der Ecke, man sieht, wie das alles zuviel für sie ist. Roy lächelt sie an, die mit ihren Tränen kämpft und schließlich verliert ...

... sie stehen und sitzen ein wenig da, diese Menschen, von denen nur einer zu trauern hat und die anderen es so unglaublich ernst meinen mit ihrem falschen Mitgefühl, das sie aber nur zeigen, weil da einer ist, der noch drauf guckt. Solveig weint wirklich, alles zu viel, nicht nur der Tod, der unvorhergesehene und der mitleidig lächelnde Roy, nein, auch ihr beschissenes Restleben macht sie weinen und sie lässt es raus, weil es jetzt grad passt, niemand wird dann anklagend fragen: Warum hast du denn

131

geweint? Roy versteht, warum sie weint, der andere Mitarbeiter ist von ihrem Gefühlsaufkommen überfordert und ergreift die Möglichkeit sie anzufassen, worauf er schon lange etwas scharf ist, und er fasst ihr tröstend auf die Schulter. Solveig nimmt das zum Anlass, mit dem Weinen aufzuhören, und der Mann lässt sie wieder los, woraufhin beide ernst Roy ansehen, der da sitzt wie eine noch nicht getroffene Entscheidung. Die Worte hat er verstanden, der Tod des Vaters, die Ernsthaftigkeit der Dinge, das wurde ihm erzählt, aber er schaut Solveig an, in einer Art, die sagen will: ist doch nicht so schlimm, das alles, Hauptsache, wir haben uns, und Solveig streichelt dem Roy über den großen Kopf, und es fühlt sich irrsinnig gut an, die kleinen Hände auf seinen Haaren, die tröstenden Bewegungen, die ihn stimulieren.

Der Mann am Schreibtisch ruft ein Taxi, und fünf Minuten vergehen in schweigendem Warten, im raschelnden Leiseatmen, im Ausharren und für Roy im absoluten Genuss, die Hand von Solveig auf seiner Kopfhaut zu spüren. Irgendwann zieht sie ihn hoch, an seiner Hand, ja, sie hält seine Hand. Begleitet ihn nach draußen, dort, wo sonst immer der Bus steht, steht jetzt ein kleines Taxi. Vorn sitzt ein Fleischberg, der Unsympathie ausstrahlt. Der unsympathische Fleischberg bückt sich und stößt die Beifahrertür auf. »Na, dann kommen se mal rein, junger Mann ...« Die Frau sieht so grausam ungesund aus, wie man wohl nur hinter einem Taxilenkrad grausam ungesund aussehen kann. Sie trägt eine speckige Taxifahrerlederweste, mit der solche Geschöpfe scheinbar geboren zu werden scheinen. Ihr Gesicht entstellt sich durch den Versuch eines Lächelns, um sich dann wieder in die normal wabbelige Ausgangsposition zu begeben. Roy drückt zart Solveigs Hand, ganz leicht, und er meint, auch ihrerseits einen Händedruck zu vernehmen. Roy ist glücklich, ganz kurz, aber vollends. Er will sich sofort über seine Handinnenfläche lecken, nur noch eine Prise der schönen Solveig einatmen.

Solveig aber steckt ihn in das Taxi, die rotgesichtige, fette Fahrerin kaut auf irgendetwas herum, was sich wohl schon lange in ihrem Mund befindet, zumindest riecht es so, aus dem Radio strömen putzmuntere Schlagerslogans in das Innere der muffigen Fahrgastzelle, und ab und zu guckt sie Roy von der Seite an, der nur stumpf geradeaus schaut, den Mund ein stückweit geöffnet, die dicke Zunge zwischen die Lippen gedrängelt. Alles lief wie in einem Film, in dem Roy zwar mitspielte, aber nicht eingreifen konnte. Der Mitarbeiter sagte, Roy solle jetzt bei seiner Mutter sein, die weinende Solveig rief ein Taxi, das innerhalb von fünf Minuten vor der Werkstatt stand, und die anderen warfen unbeeindruckt Schrauben in Eimer. Irgendjemand schrie noch, warum Roy denn jetzt schon gehen dürfe, so mitten am Tag, die ganze Arbeit, die würde doch liegen bleiben. Niemand reagierte auf den Schreienden, der sich aber auch nach einer halben Minute Gebrüll wieder seinem Schicksal als Schraubenwerfer fügte und einfach weitermachte mit seinen monotonen Verrichtungen. Roy sitzt also jetzt in diesem Taxi, und wieder entfernt er sich von Solveig. Diese unbewussten Minuten des passiven Verschwindenmüssens waren für Roy wie ein rasanter Übergang vom Hochsommer in den Spätherbst. Und jetzt fährt er Richtung Winter, nämlich nach Hause. Wenn man so schnell durch alle möglichen Jahreszeiten geschleudert wird, kann man schon mal rasant altern, denkt Roy und leckt an seiner Handinnenfläche, den Rest von

Solveig aufleckend, den winzigen Rest, den sie dort hinterlassen hat. Er fühlt sich so richtig scheiße behindert, behindert vom Leben, und warum soll er dann nicht, wenn
er ohnehin schon behindert ist, an seiner Hand lecken, um
es für jeden auch so aussehen zu lassen, als sei er behindert. Roy ist ganz bei sich, ganz in seiner Hand, der Kontakt
seiner Zunge und seiner Handinnenfläche begeistert ihn so
sehr wie Seifenblasen Kinder begeistern. Die fette Fahrerin
begeistert das hingegen eher weniger. »Spuck mir hier bloß
nichts voll, kleiner Mann.« Sie ist von ihrem ganzen küm-
merlichen Dasein, von ihrer Rolle als asoziale Taxifahrerin
so begeistert wie blinde Kinder von Seifenblasen. Roy ignoriert ihre stumpfdumme Aussage und ist weiterhin intim mit
seiner Hand.

Das Taxi steht an einer roten Ampel und Fußgänger passieren. Roy findet nun, dass er genug an seiner Hand ge-
leckt hat und sieht draußen die Stadt warten. Das Taxi
brummt, die fette Frau kaut, Roy ist nach irgendwas zwischen Würgen und *Er*würgen, aber er bleibt da sitzen,
wo er sitzt, und das Radio plärrt Schlagersüßigkeiten.
Überall, wo ich nicht bin, findet scheinbar Leben statt,
denkt Roy auf dem Weg zu seiner dezimierten Familie,
und dann keimt erst ganz verschwommen der Wunsch
zu verschwinden auf, und der Wunsch wird immer deutlicher, und Roy glaubt sich noch nie so schnell bewegt zu
haben, als er den Gurt löst, gleichzeitig die Tür öffnet und
plötzlich im Verkehr steht. Mittendrin im Geräusch. Zwischen stehenden Autos. Und dann läuft er los, rennt, und
er fühlt, wie etwas Schwerfälligkeit von ihm abfällt. Die
fette Taxifrau brüllt ihm was hinterher, was er nicht mehr
wahrnehmen kann. Alle Reize dieser Straße dringen un-

gefiltert in Roys Gehirn, aber seinem Gehirn ist das egal, denn es ist gerade damit beschäftigt, Roys Körper zu einem (nach seinen Möglichkeiten) raketenartigen Geschoß zu machen, das Autos und Passanten ausweicht und wie eine Wärmeleitrakete ein noch unbekanntes Ziel ansteuert. Die Leute gucken dumm, Roy guckt Royblicke zurück, und ihm ist egal, was die Leute denken. Er rempelt unabsichtlich einen Schüler an, der sich gerade auf dem Bürgersteig mit seinen Freunden eine Zigarette teilt. Der Typ muss einen Ausfallschritt machen, um nicht hinzufallen, versucht, sich die Coolness zu bewahren und brüllt Roy ein »Geh malen, Kackmongo!« hinterher, und seine Freunde lachen, und Roy lacht auch, denn es ist ihm ganz egal, was sein Umfeld von ihm will, er will rennen, will seinen Körper schwitzend machen, will Gedanken dadurch zerschmelzen. Wenn man weg will von da, wo oder wer man ist, dann ist denken manchmal das Schlechteste, was man tun kann. Das weiß Roy, und er rennt, rennt weg von seinem Ist-Zustand in einen möglichen Soll-Zustand.

Irgendwann hat auch das Rennen ein Ende, und Roy schlurft seine behinderten Schuhe über den Asphalt. Die Stadt ist ein lebendiger Ameisenhaufen und seine Langsamkeit ein Grund für viele, ausweichen zu müssen. Blicke aus Mitleid und bewusster Ignoranz streifen ihn. Roy verlässt die Stadt durch den Hinterausgang, da ist der Stadtpark, der sich in seiner grünlich stinkenden Frische vor ihm erstreckt. Leute führen ihren Hund aus. Es ist irgendwas mit 11 Uhr vormittags. Rollschuhmädchen fahren Rollschuh, als hätten sie nie etwas anderes getan. Frauen schieben Kinderwagen, treten Mountainbikes oder brüllen in Handys. Irgendwelche Typen tun das auch und lautieren wild durch die Gegend. Da ist wieder das mit den Worten, denkt Roy, die Leute schreien sich an und verstehen sich trotzdem nicht.

Wieder fühlt er sich in seiner Schweigerei bestätigt, und Roy sieht eine öffentliche Toilette, von der er sich magisch angezogen fühlt. Er schließt die Tür hinter sich, und hier drin stinkt es nach Pennerpisse und der Unausweichlichkeit von diversen Verdauungsvorgängen. Das ist Roy aber egal. Es ist kühl und dunkel hier drin, und vor allem ist diese öffentliche Toilette eine Kapsel, die Distanz zur Draußenwelt schafft. Das ist jetzt wichtig, innen und außen zu trennen. Roy denkt an seinen Vater, der jetzt tot ist, und an seine Mutter, die auf ihn wartet, damit sie ihn mit ihrer derben, falschen Mütterlichkeit füttern kann. Was soll er da noch?

Der Tod seines Vaters hat Roy klar gemacht, dass das Leben eine kurze Phase zwischen Wachsen und Vergessen zu sein scheint. Er setzt sich auf die Kloschüssel. Weil das hier jetzt das Leben ist und höchstwahrscheinlich sogar das einzige, was ihm zusteht und was er je bekommen wird, beginnt er zu masturbieren. Es ist wie Yoga mit dem Geschlechtsorgan, Penisyoga.

Diverse Stunden später. Roy blinzelt verstört in die Dunkelheit. Es ist ein paar Grad zu kalt, um mit entblößtem Unterleib auf einer öffentlichen Toilette mit halboxidiertem Metallrand zu hocken, fällt ihm auf. Schritte, die sich nähern und dann stehen bleiben. Eine Urinstrahl, der unsichtbarerweise ins Metallbecken plätschert. Schritte, die sich entfernen. Roy weiß nicht, wie spät es ist, nur dass er ein wenig geschlafen hat. Beim Masturbieren eingeschlafen. Roy hat heftig masturbiert. Bis die Dunkelheit und die Müdigkeit sich einmischten. Zweimal, weil er Bock drauf hatte und ohnehin sexuell aufgeladen war, und dann diverse Male aus Langeweile. Dann hat er einfach gewartet und sein Gehirn auf Leerlaufprozesse gestellt, denn was sollte man in seiner Situation schon denken.

Seine Hose befindet sich noch unterhalb der Kniekehlen, und Roy zieht sie hoch. Er öffnet die Tür und schreitet in den duftenden Park. Hinter ihm Pisse, vor ihm die klare Nacht. Es ist stockfinster. Draußen zirpt irgendwas. Insekten oder so, denkt Roy. Er geht ein paar Schritte in eine wahllose Richtung. Die Laterne, die eigentlich den Platz vor dem Toilettenhäuschen beleuchten sollte, ist defekt. Roy läuft vorsichtig durch die Dunkelheit, die Arme hält er ausgestreckt vor sich, um eventuelle Hindernisse, die man nicht sehen kann, zu erfühlen. Aber da ist nichts, was ihn hindert, immer weiter zu gehen, und so geht er, und da hinten erkennt er deutlich ein Licht, und er geht darauf zu, weil Licht, so weiß Roy, Licht deutet auf Leben hin.

Die Lichtquelle, auf die Roy zugeht, ist eine neben einer Bushaltestelle platzierte Straßenlaterne. Roy fühlt sich wie ein Insekt, das von Helligkeit herangelockt wird, und dann steht er neben dem Bushaltestellenhäuschen, und er erkennt, dass in diesem offenen Plexiglaskäfig eine alte Frau sitzt. Sie hat Roy noch nicht bemerkt, und dann sieht sie ihn doch und sagt mit brüchiger Stimme: »Hallo, hallo, Sie, können Sie mir bitte helfen?« In ihrer Sprechfrequenz schwimmen auch ein wenig Angst und Verzweiflung mit. Roy denkt daran, einfach weiter zu gehen, er denkt laut allgemein zugesprochenem Behindertenbonus stünde es ihm zu, einfach mal geschmeidig wegzulauschen, niemand würde wirklich Hilfe von einem Mann mit offensichtlichem Assistenzbedarf erwarten, aber die Frau krächzt noch mal: »Hallo, Sie da neben der Haltestelle, bitte, können Sie mal kurz her kommen ...« Roy erstarrt und traut sich nicht zu regen, doch dann beginnt die alte Frau plötzlich ein lärmendes Schluchzen und ein bitterliches Weinen und presst Worte und Wortfetzen wie »bitte« und »... ein bisschen Hilfe ...« hervor, und Roys Herz wird dadurch angerührt, sein Mitgefühl aktiviert. Seltsam, denkt er, dass dieses Weinen seine Empathie durchschüttelt, klingt es doch wie das, was es ist, das Wehklagen von Irgendwem über irgendein ihm fremdes Thema.

Endlich darf er auch mal Mitgefühl haben und muss nicht der Empfänger dieses sehr oft vorgetäuschten Elends sein. Seine Empathie ist echt, denn wenn sie es nicht wäre, er wäre einfach wieder im Schutz der Dunkelheit verschwunden. Roy geht auf die Frau zu, und als sie seine offensichtliche Behinderung erkennt, macht sie zunächst ein leicht erschrockenes Gesicht, welches aber dann sehr schnell in einen Ausdruck aus freudiger, aber irgendwie melancholisch-mitfühlender Erregung wechselt. »Ich bin hier umgeknickt, mit dem Fuß, verstehst du, der Fuß ist kaputt«, brüllt die Frau, weil sie denkt, wenn schon einer mit Trisomie 21 Optik daherkommt, dann ist der garantiert auch hörgeschädigt, »kannst du mir aufhelfen, wenn der Bus kommt, und mich nach Hause begleiten?« Sie redet mit ihm, wie man zu einem Hund spricht. Dass sie ihm nicht am Kinn oder am Kopf krault, verbietet ihr wahrscheinlich irgendeine verpeilte Art von Anstand. Roy nickt zustimmend und denkt, dass seine Probleme, wie auch die Probleme seiner Mitmenschen, eventuell einfach alle im Strom der Zeit vernichtet werden können. Roy setzt sich neben, die Frau, die ihn mit Einzelheiten zu ihrer Knöchelumknickaktion behelligt, alles in einer Lautstärke, die Roy fast die Trommelfelle zerfetzt. Die Alte brüllt durch die Nacht, und Roy sitzt da und sagt nichts. Aber er lächelt, und als der Bus kommt und Roy glaubt, es ist der letzte Bus dieser Nacht, hilft er der Frau in den Bus und setzt sich einfach neben sie. Dann fahren sie schweigend durch die Stille der Dunkelheit.

Und sie begegnen sich doch, in mancher Nacht, unter den verrücktesten Zufällen. Gott ist schon längst nicht mehr Gott, schon längst nicht mehr gelangweilt, schon längst nicht mehr mehr als alle anderen. Vor allem aber ist er genervt, von dieser blöden Philosophie, die sich mancherorts erhebt und die universelle Welt zerklären will. Gott selbst weiß, dass das nicht funktioniert. Wäre er Psychologe, er würde den Leuten raten, in ihren Häusern zu bleiben, sich nicht zu bewegen und auf jeden Fall die Fresse zu halten. Das ist die einzig mögliche Taktik, dass irgendwie alles gut ausgehen kann. Aber hey, eine Alte trifft einen Mongo, das ist doch irgendwie süß, denkt er noch, und eine optimistische Welle durchflutet die Umgebung.

Irgendwas zwischen Party und Selbstmordversuch

Einfach losgehen. Und während des Losgehens das Abstreifen, was einen am Abgehen hindert. Aus der Orientierungslosigkeit hinaus gleiten. Aber in was? Was ist die verdammte Option da draußen? Solveig funkt in die Leere: »Hiermit kapituliere ich vor dieser beschissenen Welt und allen Vollfickern da draußen. Ich halt mein Maul, resigniere und zelebriere meinen Untergang unter den Untermenschen.«

Den Kopf freilassen. Dem eigenen Käfigkopf entsteigen und draußen, außerhalb des eigenen Kopfes, Glück suchen. Weil im Kopf selbst alles verloren ging. Und draußen hoffen, dass das schwere Betonherz bald wieder hüpfen kann. Solveig trägt die Männerenttäuschung mit sich und sitzt jetzt in einem Club, der ihr grobmotorische Beats an die Schläfen knallt, und innen im Kopf randalieren die Denkmuster. Dieses unmögliche Leben, das Arschloch, denkt die Solveig noch, bevor sie sich einem knalligen Cocktail widmet und kaum merkt, wie sie den hochprozentigen Alkohol in ihren Stoffwechsel lädt. Und die intensive Aufgeladenheit ihres Stoffwechsels inspiriert sie zu noch mehr Aufladung, und der Mund füllt sich mit Worten, die »Tequilla Sunrise«, »Doppelter Whisky« und irgendwann sogar »Barcardi Cola« lauten. Dann sitzt Solveig da und ist peinlich berührt von sich selbst. Viel lieber wäre sie berührt von irgendwem sonst. Sie trinkt sich die Minuten gedehnt.

Die Cocktails, die in sie fließen, sollen ihr Leben von der Trauer ablenken, die eigentlich da ist, und eigentlich weiß Solveig genau, dass durch die intensive Alkoholzufuhr langfristig nichts besser wird. Aber es geht jetzt nicht um langfristige Maßnahmen. Ach, es schmeckt doch so fruchtig, so fruchtig, wie dieses Scheißleben, das ständig stinkt wie über das Verfallsdatum getretene Leberwurst, die irgendwo in der Sonne liegt und der Haare auf der Oberfläche wachsen und die schon fast danach strebt, einen eigenen Willen zu erlangen, also ein Leben, das so riecht, aus dem will sich die Solveig gerade frei trinken. Der Alkoholocaust bricht aus. Getränke, die Getränken folgen, folgen Getränken, die Getränken folgen. Die Realität wird immer blasser, Solveig immer schöner. Der Alkohol, der in ihre Blutbahn kriecht, ist wie eine fette, streichelbedürftige Katze, die einem um die Füße läuft und verheißt so etwas wie Gelassenheit. Sie trinkt sich besseren Momenten entgegen.

Sie hat noch ein paar Bekannte angerufen, bevor ihre persönliche Alkoholapokalypse starten sollte, aber keiner hatte Zeit, sich ihrer anzunehmen, alle merkten sofort an ihrer merklich betrüblichen Stimmlage, dass da Probleme in ihr stattfinden, und wer geht schon gern mit Problemen aus. »Nee, der Pascal kommt heute Abend. DVD Abend und Kuscheln, aber wir können gern mal wieder Kaffee trinken.« Sogar die sonst partytechnisch schwer zu bändigende Jenny sagte, sie wolle lernen, denn so ein Studiumsabschluss flöge ja niemandem einfach so in den Schoß wie ihr gewöhnlicherweise Penisse in den Schoß fallen. Da müsse sie heute doch mal eine Nacht mit Büchern verbringen, meinte sie. Also ging Solveig alleine aus. Alle Nervenenden brüllten: »Vollrausch!« Und so kam, was kommen sollte.

Irgendjemand hat einmal gesagt, dass die Realität im Alkoholrausch eine verbesserte sei. Solveig merkte schnell, dass es sich um die gleiche Realität wie vor dem Rausch handelte, nur die Gefühle dazu waren andere. Alle Gefühle waren wattiert. Im Vollrausch. Es hat sich erledigt, so viel hat sich erledigt. Veni vidi Vodka – sie kam sah und ... Filmriss. Als der Film dann wirklich riss, war Solveig an einem Ort, den sie nicht näher bestimmen konnte. Stimmen waren da, eine Bassdrum war auch da, glaubte sie, irgendetwas rhythmisches auf jeden Fall, und ein Taumel, der die Unmöglichkeit eines klaren Blickes, bedingt durch klare Schnäpse, herstellte. Und ganz viel Bewegung, Bewegung, die einen einfach so mitriss, und wenn man in der Bewegung gefangen war, war ohnehin egal, welche Richtung sie hatte.

In Solveigs Kopf findet, während sie etwas tut, was sie tanzen nennt und von außen betrachtet aussieht wie unrhythmische Sportgymnastik, eine Diashow statt. Schnellstens aufeinander folgende Bilder, die ihr Leben sein sollen, und jedes Bild fühlt sich an wie eine Lüge, obwohl jedes Bild die Realität widerspiegelt. Der Rausch läßt die Bilder eskalieren. Es ist gut, wenn die Bilder eskalieren, denkt Solveig und tanzt am Abgrund ihrer Befindlichkeit. Irgendjemand sagte einmal: »Die Hoffnung stirbt zuletzt.« Dann ist es jetzt wohl soweit, dass man sie zu Grabe tragen kann, dass das, woran man sich festhalten und klammern konnte, vom Wirbelsturm des Schicksals entwurzelt und in die Unendlichkeit fortgeweht wird. Es gibt viele Wörter für solche Abende, ein wichtiges ist »egal« und ein weiteres wichtiges »mehr«. Und Solveig schaufelt immer mehr egal in sich rein.

Später sitzt sie wie ein anonymer Alkoholikerroboter wieder an der Bar. »Ich hab kein Bock auf diesen Pathos, lieber noch'n Bier ...«, brüllt Solveig irgendwann um eine Uhrzeit, zu der sie peinlich berührt von jemand anderem wird und sich Gedanken macht, die irgendwie gar nicht mehr in ihrem Kopf stattfinden. Da sitzt so ein Typ, ähnlich betrunken wie sie selbst, vor ihr und erzählt ihr aus seinem spannenden Leben als Comiczeichner oder Bauarbeiter. Solveig hört ihm nicht zu, sieht nur, wie sich sein Mund bewegt, irgendwelche Botschaften aussendend, die ihn spannender, attraktiver und interessanter machen sollen, aber sie ist ohnehin so ohne Hirn, dass sie kaum seine gesprochenen Worte zu sinnvollen Zusammenhängen kombinieren kann, aber er redet, sie nickt und trinkt. Die Abwesenheit irgendwelcher Gefühle spürt der Typ nicht mehr, dafür aber die Anwesenheit von Brüsten und von einem Mund, der zwar nicht antwortet, aber imstande ist, ungemein sexy Getränke zu schlucken. Das inspiriert den jungen Mann zu dem Angebot, Solveig nach Hause zu begleiten, und sie fängt einfach an zu weinen.

Das passiert einfach so. Tränenfluss und Bassdrum. Da kommt der Mann, wird gefühlspathetisch und macht so eindeutige Angebote, hinter denen Abgründe epochalen Ausmaßes lauern, weiß Solveig. Und wenn man wie sie ein schlechtes Leben in der Geschichte der Liebe vorweist, dann kommen eben die Mädchentränen aus dem Mädchenkopf. Ganz natürlicher Vorgang. Da ging was schief, und jetzt ist sie so besoffen und in ihrer eigenen Vorsicht so verhaftet, dass ihr Weinen als die einzig mögliche Reaktion auf diesen Mann und sein Angebot einfällt. Sie hätte auch einfach anfangen können, zu lachen, aber irgendwie ist mehr Trauer als Lustigkeit in ihrem Körper, und so heult sie einfach, will alles, was in ihr ist und sie lähmt, mit diesem Tränenbach mitreißen, alles soll raus, der ganze Scheiß, der belastet, diese blöden ätzenden Behinderten, die Scheißliebe, die beschissene Wohnsituation, die nicht vorhandene Freundschaft, die absolute Abwesenheit von Liebe, alles soll mitgezerrt werden mit diesem Tränenfluss, und Solveig heult. Heult wie ein Kind, dem unfassbar Krasses widerfahren sein muss. Einige Menschen gucken sich zu ihr um, aber niemand kennt Solveig hier, also wird es auf den Alkohol und auf ihre Weiblichkeit geschoben, dass sie derartige Emotionen in dieser gezeigten Heftigkeit ans Tageslicht rauschen lässt.

Der junge Mann guckt erstaunt, und Solveig heult. Er traut sich nicht, sie zu berühren, und Solveig heult. Ihr Kopf liegt auf dem Tresen, zwischen Schnapsgläsern und Bierpfützen, und Solveig heult. Der junge Mann ist verwirrt, und Solveig heult. Dann geht er lieber weg, denn soviel Emotionen, wie er hier auf diesen Tresen geweint sieht, will er gar nicht erleben, der junge Mann, und Solveig heult. Solveig heult sich ihr Leben aus dem Kopf. Sie wirkt wie eine abgefuckte Trinkerin, der man nicht zu nahe treten darf, und bestellt daraufhin noch Getränke, die abgefuckte Trinkerinnen, denen man nicht zu nahe treten darf, bestellen.

Stunden verticken abscheulich sonderbar. Wie durch Filter gepresst nimmt Solveig Stimmen, Geräusche und etwaige Berührungen wahr, schwebt aber in einer Kunstblase der Unantastbarkeit durch das Etablissement. Wenn Solveig sich daran erinnern können würde, könnte sie die Frage: »Sag mal, hast du jemals mehrere Stunden regungslos auf einem Tresen in deinen eigenen Tränen und in deinem eigenen Speichel verharrt, weil sonst einfach nichts mehr ging?« mit einem klaren *ja* beantworten. Die tragischen Momente eines jungen Lebens.

Keine Hand des Trostes von irgendwo und eine Stimme, die sagt: »Aufstehen, junge Dame, der Laden macht jetzt genauso dicht, wie du bist«. Solveig, nahezu leer geweint und in dunklen, emotionalen Randgebieten ansässig, lächelt verpeilt in irgendeine zufällige Richtung, aus der sie die Stimme vermutet. Sie ordnet ihre Haare, wie man halt Haare ordnen kann mit einer Ladung destruktiv machender und anonymer Alkoholika und bunten Cocktails im Gehirn, und gleitet langsam vom Barhocker herunter, der sie bis eben noch trug, und steht im Club, auf sich allein gestellt. Solveig macht ein paar Schritte und bemerkt, dass unter und in ihr ein Erdbeben tobt. Der Boden ist ungerade, wie auch ihre ganze Persönlichkeit. In Alkohol getränkt. Sie wackelt durch eine Tür. Aber zumindest sind die bösen Gedanken weg, zumindest für die Zeit, wo der Rausch da ist.

Der junge Mann hat gewartet, hat auf eine Chance gewartet, der Solveig vielleicht doch noch zu nahe treten zu dürfen. Als sie so gerade das Etablissement verlässt, will er sich noch einmal in ihren Weg stellen und spricht irgendwas, was zum Inhalt hat, sie heimzubegleiten. Aber die krasse und überraschende Zufuhr von Frischluft lässt in Solveig ganz andere Gelüste entstehen, und sie merkt, wie die Erde wackelt, der Magen wackelt auch, und kaum hat der junge Mann ein paar Worte gesagt und sie am Arm berührt, entgleitet ihrem schönen Mund eine Ladung Kotze. Gefolgt von einer weiteren. Solveig würgt bunte Flüssigkeit aus ihrem Innersten. Der junge Mann hat mit vielem gerechnet, mit einer klaren Abfuhr, aber auch insgeheim mit einer Zusage, nicht aber mit voll gekotzten Klamotten und Schuhen. Er reagiert standardisiert aggressiv, ein Männerritual, wenn einem soviel Buntes widerfährt, das ist schon einen Spruch wie diesen wert. »Boah, du blöde Bitch, ey, sach mal, geht's noch ...«, bekommt Solveig ins Gesicht gebrüllt, aber sie grinst nur und wischt sich den Mund mit der Handinnenfläche ab. Der Typ, der seine ganze ihm mögliche Freundlichkeit aufgespart hat, um sie an diesem Abend gegen Geschlechtsverkehr zu tauschen, dafür aber angekotzt wurde, will sofort zuschlagen. Das wäre seine Antwort auf das hier. Die männlichste aller Antworten wäre das. Was auch sonst als ein gezielter Schlag in die Fresse. Aber da stehen noch andere Leute rum, also lässt er das, und Solveig taumelt vor ihm wie ein angezählter Boxer, der aber dann die Gewalt über seinen Körper zurückgewinnt und einfach losläuft. Der

Typ bleibt zurück, voll gekotzt und so dumm und unge-
fickt als wie zuvor.

Ihr Körper bewegt sich ohne ihr Zutun. Irgendein in ihrem
Kopf befindliches Navigationssystem leitet sie auf ihrem
Weg. Die Welt wackelt, vergrößert und verkleinert sich. Ab
und an steht auch plötzlich die Straße auf, um ihr feste
und nachhaltig ins Gesicht zu schlagen. Solveig steht aber
immer wieder auf, und irgendwann ist da dieses Haus, in
dem sie wohnt. Sie schafft es nicht mehr, den Flur zu beleuchten, und fällt über Stufen, versucht, einen Schlüssel
in ein Schloss zu stecken, scheitert, weil dazu Feinmoto-
rik von Nöten wäre, die einfach nicht mehr vorhanden ist.
Und dann bemerkt sie, wie das Gift in ihrem Kopf auch an
ihre Magenwand klopft, und es fühlt sich an, als würden
winzige Bergarbeiter in ihrem Magen mit schwerem Gerät
irgendwelche Sachen von der Wand stemmen, und schneller als schnell ist die Kotze im Hals, dann im Mund, und
die Schleuse geht auf, und Solveig kniet auf dem Boden,
gekrümmt wie ein getretener Hund. Die Getränke kommen
zurück und auch ein wenig Essen, und um sie herum bildet
sich ein See aus den Resten einer Nacht. Irgendwo in der
Hand hält sie noch ihren Schlüssel, aber es geht kein Licht
im Treppenhaus, und die Ausweglosigkeit der Dunkelheit
demotiviert Solveig, weiter in die Dunkelheit zu stochern.
Stattdessen vergrößert sie den See und langsam versinkt
sie darin …

Wozu Gehirne, wenn die Menschen doch nur fühlen,
denkt Gott. Wozu Logik und Dinge, die erfahrungsgemäß
gut ausgehen, wenn doch dann alle selbstzerstörerisch in
Abgründe laufen. Wenn das Gehirn einen Aushang ins

Schaufenster seines Gemischtwarenhandels hängt auf dem »Bin gleich wieder da« steht, was ist dann noch möglich außer: ALLES!!! Außer Kontrolle geraten nur die, die sich mit der Kontrolle nicht auskennen. Exzess ist gut für Leute, denkt Gott, sie fühlen sich dann endlich mal kurz frei, aber dass die Freiheit innerhalb von Räuschen auch kein Endzustand ist, dass muss sich jeder als Erfahrungsschatz selbst ausbuddeln. Jeder für sich. Einige werden Junkies, weil sie die Grenze zu oft überschreiten und damit ihren eigenen Verwelkungsprozess beschleunigen, andere werden abstinent, weil sie Angst vor Kontrollverlust und Lebensverkürzung haben. Und es gibt die, die zwischen beiden Welten ein Zuhause gefunden haben, die, die auf der Suche nach dem perfekten Rauschmoment sich mal langweilen und mal alles voll kotzen. Es gibt sie alle, und jeder macht irgendwie Sinn. Wahrscheinlich, so denkt Gott, gibt es in unserer Gesellschaft keine unverzichtbaren Normen mehr, was sich sehr gut am verschiedenartigen, unzusammenfassbaren Rauschverhalten der Leute ablesen lässt. Die Hemmschwellenübertreter und die Bleibenlasser haben beide ihre Wertesysteme, die sie aufrecht halten. Gott sieht sie verwelken, alle, aber das ist doch, was aus jedem wird, egal wie er sich düngt und gießt, verwelktes Material, Gammelfleisch, verschacherte Reste.

... und wir erleben
unnacherzählbare Dinge

Ganz zufrieden ist die Ingeborg, als sie so neben dem behinderten jungen Mann sitzt und mit dem Bus durch die
Nacht wackelt. Endlich hat sie jemanden gefunden, der
sie versteht, denkt sie. Die Einsamkeit, die seit dem Tod
von Hermann immer neben ihr steht, wird durch die Existenz des Jungen an ihrer Seite unwichtig. Den schickt der
Himmel, denkt sich Ingeborg, und der Himmel denkt sich
nichts zurück. Und der Junge sitzt da wie ein gut erzogener
Sohn, der Sohn, den sie nie hatte. Ingeborg blickt kurz und
verstohlen den Roy von der Seite an. Mein eigenes Pro-
blemkind, denkt sie, und sie entfernen sich vom Ort ihres
Zusammentreffens. Roy, der sich weder für ein Kind, noch
für ein Problem hält, schweigt gutmütig und fragt sich, was
er denn auch sonst tun soll. Er lässt sich in diesen Zufall
der Begegnung fallen.

Draußen turnt die dunkle Stadt vorbei. Scheinwerfer werfen Schein ins Innere des Busses. Die Lebendigkeit der Stadt
ist viel schneller als Ingeborg es in diesem Leben noch sein

können wird und als Roy es in diesem Leben noch verstehen können wird. Da sitzen sie im Bus, die alte Frau und der Mongo, denkt sich der Busfahrer, als ob es da was zu denken gäbe. Sie sitzen nur da und fahren mit dem Bus. Es ist die Einfachheit ihrer Gesichter, das unaufdringlich Gewöhnliche, was von ihnen abstrahlt, das den Busfahrer schnell wieder an seinen letzten Thainuttenbordellbesuch denken lässt.

Hinten im Bus schläft ein abgerissener Mann, der auf einem Hund liegt. Ingeborg ist egal, was sonst noch stattfindet, außer dem, was der junge, behinderte Mann gerade für sie ausmacht.

Die alte Frau in Gedanken. Da fällt ihr ein, warum sie denn eigentlich keine eigenen Kinder hat. Das haben sie nämlich versucht, Hermann und Ingeborg. Nachwuchs zu zeugen. Sehr oft sogar und lange, und manchmal tat es sogar weh. Und als es nach einem Jahr immer noch nicht geklappt hatte mit dem Kinderzeugen, da sagte Hermann, dass Ingeborg vielleicht krank sei an der Scheide oder Gebärmutter und mal einen Arzt aufsuchen sollte, an ihm könnte es wohl nicht liegen, dass hier kein Kind entstehe. Ingeborg suchte also einen Arzt auf und konfrontierte ihn mit ihrem Problem der Kinderlosigkeit trotz ehelicher Sexualturnerei. Der Facharzt für Frauenheil- und Geburtskunde legte sie auf eine Liege, die Beine musste Ingeborg in zwei krumme, verchromte und kalte Beinschalen legen, und der Arzt untersuchte sie lange und ausgiebig im Inneren ihres Unterleibs. Das war nicht sehr würdevoll, aber Ingeborg ließ es passieren, weil sie ja wissen wollte, wie sie denn doch noch zu einem Kind käme, weil das doch zur Vervollständigung des ehelichen Glücks von akutem Belang war. »Sie sind gesund, es liegt

150

wohl an ihrem Mann«, sagte der Arzt trocken und gab ihr noch trockener die Hand, und Ingeborg stand dann da, hilflos der Wahrheit ausgeliefert, die doch eigentlich eine gute und schöne Wahrheit war, aber wie sollte sie das Hermann zustellen? Sie konnte doch nicht ihrem geliebten Mann unproduktives Sperma unterstellen. Der Gedanke, so erinnert sich Ingeborg, erfüllte sie mit Schamgefühl, ganz voll war sie davon, von diesem Schamgefühl, das Schamgefühl, eine gesunde Frau zu sein. Sie ging betreten heim, langsame, kleine Kinderschritte machte sie, die das Ankommen verzögern sollten. Was denn der Arzt gesagt habe, wollte dann Hermann zuhause wissen, und Ingeborg schämte sich immer noch und log: »Meine Gebärmutter ist erkrankt, nicht schlimm, aber wir sollen es weiter weiter versuchen, das mit dem Kind.« Hermann machte diverse »hab-ich-doch-gewusst« Gesten. Sie haben es dann weiter versucht, natürlich erfolglos und irgendwann dann gar nicht mehr, und das Wunschkind fiel einfach unter den Tisch, unter den gut geputzten Wohnzimmertisch fiel es, und die Rechtfertigung Hermanns bestand aus Ingeborgs scheinbar erkrankter Gebärmutter.

Ingeborg hustet jetzt, hustet und fühlt, wie mehrere Urintropfen inkontinenzbedingt in die Wolle ihres Schlüpfers kriechen. Ihr wird man so was verzeihen. Sie ist alt, woher sollen die Schließmuskeln noch wissen, wie man einen Harnleiter komplett abdichtet? Ingeborg hustet, es tropft auf den Sitz, Roy guckt und lächelt.

Endlich sind sie da, und Ingeborg sagt, dass sie nun da sind, und Roy steht auf, und Ingeborg kann sich an seinen Unterarm klemmen und wird hochgezogen von seiner Stärke, und

Roy denkt, dass es cool ist, eine alte Frau vom Sitz hochzu-
ziehen und ihr so zur Mobilität zu verhelfen. Zu oft ist es
doch so, dass er der ist, der irgendwo sitzt, und die Leute
auf ihn zukommen, um ihn mit ihren couragierten »Aktion
Mensch«-Gesichtern mit unvorteilhaft falscher Liebe anzu-
gucken. Und dann helfen sie ihm an Plätze, wo er gar nicht
sein will, und die zugewiesene Hilfe tut nur den Helfern,
nicht aber dem Geholfenen gut. Roy konnte immer schon
die Blicke der Leute identifizieren, die es mit ihm nicht ernst
meinten, die nur aufgrund seiner Behinderung bei ihm sind,
um ihr eigenes Leben aufzuwerten. Bei Ingeborg ist sich Roy
nicht ganz sicher, sie scheint alt und unbeholfen zu sein,
nicht unbedingt eine typische Helfersyndromtante.

Hier und heute kann Roy seine ganze Soziabilität in die
Waagschale werfen, und er begleitet Ingeborg sanft aus dem
Bus, und sie sagt: »Da lang« und deutet in eine Richtung. Roy
hält die Ingeborg ganz eng bei sich, wie einen zerbrechlichen
Schatz. Sie schleicht an seinem Unterarm unter den Straßen-
laternen, die aus ihnen einen seltsamen Schatten machen.
Der Schatten sieht aus wie ein langsam kriechendes Tier mit
zwei Köpfen, einem fetten Unterleib und vier Beinen, die alle
viel zu nah aneinander montiert sind. Und das Vieh kriecht
durch die Nacht und fühlt sich zunächst mal gut.

Gott hätte fast einen Hello-Kitty-Plüschtheater-Anfall bekommen, bemerkt dann aber wieder seine Niedlichkeitsphobie
und brüllt nicht »oh, wie süß« oder »nein, wie toll«, sondern
besinnt sich, auf das, was passiert. Rollentausch. Der Hilfe-
bedürftige hilft. Krasser Scheiß, da ist jemand echt unterwegs, also dieser Roy, und vertritt einen kapitalen Grundsatz
des katholischen Glaubens. Es muss sich dabei um einen

152

krass gelangweilten Idioten handeln, mutmaßt Gott und läßt dann noch mal einige Gesichter, die er bei Papstbesuchen oder Kirchentagen so gesehen hat, Revue passieren. Dieses selbstlose Helfen, denkt Gott, kann einfach nicht echt sein, was ist der Typ, behindert oder was?

Ich habe keine Lust zum Geräusch meines brechenden Herzens auch noch zu tanzen

Die alte Frau, findet Roy, spricht zuviel. Und immer leidet sie dabei. Zwischendurch klingt ihre Stimme dabei wie die Stimme dieser Frau, die Roy mal im Fernsehen gesehen hat und die vier oder fünf Tage nur gemeinsam mit einer Flasche Fanta im Bergwerk verschüttet war. Roy hat ein Interview mit dieser Frau gesehen, und ganz grau war die Frau, und ihre Stimme hatte so einen erbärmlichen Unterton, hatte versteckte »eigentlich-will-ich-nichts-mehr-vom-Leben und habe damit abgeschlossen«-Botschaften darin. Und sie schmiedet Sätze, die wie Gewehrkugeln um Roys Ohren fliegen.

Vorhin saßen sie noch an der Haltestelle. Die alte Frau erzählte aus ihrem Leben, und es fing an, dieses Leben, mit viel zu vielen Geschwistern, die alle viel zu viel Hunger hatten, und für die alte Frau ist dann oft nichts oder nur nicht so Leckeres übrig geblieben. Danach kamen die Jahre der

Kartoffelernte und ein kaputter Rücken mit 15 Jahren, und dann kam irgendein Retter namens Hermann in ihr Leben geschwebt, der einfach nur da war, und das kam der Frau gelegen. Sie sprach über Jahre der Entbehrungen und verglich Schlimmes mit Schlechtem und klagte in einem fort über den Aufwand des Lebens, wie hoch dieser doch sei, und sie metaphorisiert, dass man so oft vor unüberwindbaren Mauern stünde, gerade als alter Mensch. Roy vergleicht sein individuelles Leid mit dem, was die Frau so erzählt, und er fühlt eine Nähe in diesen Worten. Alte und Behinderte, dachte er noch, sind zwei Randgruppen, die irgendwie dieselben Feinde haben. Der Bus kam herangerauscht, Roy half der alten Frau beim Aufstehen und sie stöhnte wie eine Kriegsversehrte, und Roy hatte ja fast Angst, die dürre Frau zerbräche in seinen Händen, aber sie blieb dennoch stabil und ließ sich mitzerren. Zischend ging die Tür auf.

Dann sind sie, Roy und die alte Frau, gemeinsam in den Bus eingestiegen, in die Linie 16, und die Frau zeigte ihren Fahrausweis, und Roy wurde vom Fahrer so durchgewunken. Das kennt der Roy, diesen Behindertenbonus, da muss man keinen Schwerbehindertenausweis mit sich führen, wenn man ein Gesicht wie Roy hat. Roy also wurde durchgewunken, die alte Frau lief vor ihm her. Es ärgerte ihn ein wenig, einfach so wegen seines Gesichts beurteilt zu werden. Hat einer also ne dicke Zunge, darf er umsonst Bus fahren, oder was? Roys Zorn kochte auf kleiner Flamme, aber er kochte und blubberte. In einer gewissen Beständigkeit.

Die beiden stiegen also ein, und Roy stützte die Frau unter den Armen, und sie hinkte leicht. Sie setzten sich nebeneinander auf eine Zweierbank direkt hinter dem Fahrer, der den Bus anschließend wieder sanft durch die

Nacht gleiten ließ. Die Nacht ist mit Dunkelheit verhangen, und das künstliche Licht im Bus machte Roy und die Frau blinzeln, aber Roy reagierte darauf, indem er aus seiner Jackentasche seine Sonnenbrille zog und sie sich galant aufsetzte. Er überlegte, diese Sonnenbrille als dauerhaftes Accessoire beizubehalten, weil es neben dem Nichtsprechen noch deutlicher macht, was Roy von der Welt hält. Die Frau redete unbeirrt weiter, ließ ihr altes, unbrauchbares Leben aus sich rausfließen.

Auf der hintersten Bank lag ein abgerissener und schlafender Punk, der den Kopf auf den Bauch seines Mischlingshundes fallengelassen hatte, der ebenfalls flach atmend schlief. Sonst war niemand im Bus, außer der pflichtbewusste Fahrer. Die Welt war in das kleine Universum dieses Stadtbusses eingefangen, und es hätte so schön und friedlich sein können, wenn nicht die alte Frau in ständiger Wiederholung ihr eigenes Leid durch ihre dritten Zähne hätte pfeifen müssen.

Roy glaubt, dass da nichts ist, was die alte Frau schön finden kann. Noch als sie im Bus gesessen haben, war Roy fast mit ihren ganzen Leben vertraut und er war nicht gern mit diesem Leben vertraut, denn das Leben wirkt so verfault wie ein Leben nur sein kann. Das war so ein Leben, das zulange an der Heizung gelegen hatte und jetzt Flecken davon hat und vergammelt riecht und auch so aussieht. »Weißt du, Junge, seit mein Mann tot ist, neige ich zu erheblichen Depressionen. Ich wünschte, ich wäre vor ihm gestorben. Ich fühle mich sehr einsam, sehr allein. Kinder hatten wir ja keine. Mein Hermann hat ja Karriere gemacht, Büroartikel. Alles so schön sauber. Immer sauber, der Hermann, sogar an seiner Arbeit.« Roy schweigt, manchmal atmet er schwer, wenn die Frau Luft holt, um eine weitere Erzählattacke zu starten, er atmet schwer,

um der Schande dieses alten Lebens ein wenig unterstüt-
zenden Ausdruck zu geben. Kurz bevor sie aussteigen,
sagt die Frau noch einen sehr traurigen Satz: »Manchmal,
so wie heute, fahr ich einfach so mit dem Bus, und zwar
gar nicht, weil ich irgendwo hin muss, sondern einfach
nur, weil man im Bus sehr leicht mit Leuten ins Gespräch
kommt.« Die Frau versucht ein Lächeln, das Roy schüch-
tern erwidert, weil er nicht genau weiß, ob es wirklich ein
Lächeln ist, denn in der Mimik der Frau konkrete Dinge
zu lesen, fällt Roy sehr schwer. Sie wirkt sehr häufig während des Gesprächs wie ein mimikloser Lehmbrocken, der
so trocken ist, dass Teile von ihm abfallen.

Irgendwann steigen die beiden dann aus, der Punker-
hund und sein zerzaustes Herrchen schlummern immer
noch auf der hinterletzten Bank. Roy hat immer noch seine
Sonnenbrille auf, die er aber abnimmt, als sie in die Dunkelheit treten. Noch ist es nicht soweit, denkt Roy, noch
kann ich diese Welt ohne den Schutz der Brille ansehen.

Roy stützt die Frau weiter, und sie gehen eine kurze Strecke zu Fuß, und wieder redet der Lehmbrocken auf ihn
ein und erzählt von einer Schule, in der Kinder geschlagen
werden, und sie, als sie noch ein Kind war, musste extra
in den Wald huschen, wenn es ans Bestrafen ging, und
den Zweig, mit der ihr dann vor ganzer Klasse der Arsch
versohlt wurde, eigenhändig vom Baum biegen. Roy stützt
die Frau unter den Armen, die jetzt einen Gang wie ein un-
terschenkelamputiertes Minenopfer an den Tag legt. Große
Mühe aber, die Frau zu stützen, hat Roy nicht, denn ihr Gewicht ist sehr gering. Sie wiegt kaum mehr als ein Schrau-
beneimer in seiner Werkstatt. Dorthin will er übrigens nie
wieder zurück, und auch seine Mutter soll jetzt mal lernen,
wie sich alleine sein anfühlt.

157

Roy und die alte Frau stehen irgendwann, nach einigen hundert Metern Fußweg, vor dem Eingang eines Mehrfamilienhauses, und die Frau sucht in ihrer Handtasche nach Schlüsseln und sagt dabei: »Als mein Mann noch lebte, bin ich ja nie alleine aus dem Haus gegangen, wohin auch? Es gab nie einen Grund, die Wohnung zu verlassen, wenn Hermann arbeiten war.« Dann zieht sie einen Schlüsselbund hervor und beginnt zitternd die Schlüssel zu sortieren, während sie von Hermanns Arbeit erzählt. Roy hört ihr zu, warum denn auch nicht, er hat Zeit, es ist Nacht, die erste Nacht ohne die gelogene Obhut seiner Mutter, und alles ist seine Entscheidung, was er hier tut. Es war seine Entscheidung, die alte Frau in den Bus zu begleiten, und es ist ebenso seine Entscheidung, die alte Frau nun in ihre Wohnung zu begleiten.

Sie steigen einige Treppen hinauf, und die Frau wirkt jetzt sehr erschöpft. Roy muss nun etwas mehr Kraft aufwenden, um sie mitzubewegen. »Noch zwei Stockwerke«, stöhnt die Alte und ergänzt: »Riech mal, Junge, riech mal, das Mädchen, sie war wieder hier.« Roy saugt Atmosphäre in seine breite Nase und irgendwo riecht es verschimmelt, und irgendwo gut, so wie, wie, wie, ja so ähnlich wie die Solveig riecht, aber es riecht auch nach Kotze und Alkohol im Treppenhaus. Außerdem riecht es nach verschiedenen Mahlzeiten und so wie es in Fluren, durch die Menschen mit Verdauungsproblemen gehen, riecht. »Das Mädchen, das so riecht, wohnt da oben«, sagt die Frau dann noch und zeigt auf die nach oben führende Treppe. Sie hat ein leicht anstrengungsrotes Gesicht und kramt wieder am Schlüsselbund rum und macht dann die Tür auf, und dann riecht es nur noch nach alter Frau und einer Umgebung, in der sich alte Frauen aufhalten, die eigentlich schon tot sind, aber denen das noch niemand gesagt hat.

Roy ist dann in der Wohnung der Frau, und es riecht, als wäre etwas dabei, gerade zu vergammeln. Ob es die Frau selbst ist oder irgendetwas, das im Biomülleimer lebt, erschließt sich Roy nicht. Der Geruch ist ein Gestank, und allumfassend belagert er die ganze Wohnung. »Setz dich doch hin, Junge«, sagt die Frau und bietet Roy einen Platz auf ihrer Küchenbank an. »Ach, da hat der Hermann immer gesessen, genau da, wo du jetzt sitzt, da saß er jeden Abend und hat die Zeitung studiert, und über Politik hat er dann gemeckert, ich konnt ihm ja nie antworten, ich weiß nichts von Politik, aber der Hermann, der war so unglaublich klug in diesen Dingen, und dann hat er gemeckert, und ich hab ihn geliebt.« Die Sprache der Frau wird holprig und bremst in einem tiefen Seufzer, der dem Mund der Alten mit einer Geruchsmelange von altem Zwiebelkuchen, Gehacktem halb und halb und Haftcreme entweicht. »Ich mach uns mal was zu essen, Junge, du hast sicher Hunger.« Roy, der manchmal in Stresssituationen nicht die Stimme seines Körpergefühls wahrnehmen kann, spürt in sich hinein. Ja, klar hat er Hunger, die letzte Mahlzeit war das Frühstück in der Werkstatt, kurz bevor dieser Anruf kam. Roy denkt kurz an seine Mutter und wie sie wahrscheinlich jetzt vor lauter Sorge um ihn in der Wohnung auf und ab geht und an seinen Vater, den er sich als Leiche gut vorstellen kann, war er doch zu Lebzeiten kaum etwas anderes.

Sie setzen sich in die Küche auf die alten, leicht brüchig wirkenden Holzstühle. Die Küche wirkt wie die Küche von jemandem, dem Ordnung weniger wichtig als das Hinterlassen von Speiseresten und Küchengeräten auf der Arbeitsplatte ist. Einige Besteckschubladen stehen offen. Ein Schrank auch, darin befinden sich Tassen und Teller, wahllos und völlig systemfrei durcheinander drapiert. Der

Geruch von Muffigkeit ist überall, verdammte Muffigkeit, denkt Roy, und dann fragt er sich, was Muffigkeit denn eigentlich genau ist. Muffigkeit, so stellt er nach kurzem Grübeln fest, ist das olfaktorisch wahrnehmbare Kombinat aus gemischten Essensresten, die irgendwo vergammeln, weil vergessen, und der dezenten Hygieneverweigerung einer alten Frau. Die Muffigkeit ist in allem, was hier so rum steht, an jeder Gabel, an jeder Tasse, an jedem Quadratmillimeter fettiger Schmiertapete klebt sie und feiert sich selbst.

Die alte Frau hat eine Dosensuppe zubereitet und einen Teller davon vor Roy hingestellt und eine einladende Handbewegung gemacht. In der Suppe schwimmen Pilze und Fleischbröckchen unbekannten Ursprungs. Wenn Roy es nicht besser wüsste, er würde sagen, dass das Teile von der alten Frau sind, sich lösende Lehmbrösel, Teile, die wegen ihrer Trauer und wegen ihres Nicht-mehr-könnens einfach von ihr abgefallen sind und jetzt der Suppe als Fleischbeilage dienlich sind. Die Pilze hatten auch schon bessere Tage, als sie noch jung und erfolgreich waren und man sie Champignons nannte. Jetzt sind sie lediglich leidvoll verkrüppelte Suppenzutaten, die auf der Oberfläche schwimmen.

Sie hat sich ihm gegenüber hingesetzt und sich ebenfalls einen Teller mit lauwarmer Suppe gefüllt und für die Dauer des Essvorgangs endlich mal geschwiegen. Die Suppe schmeckte wie von abgelaufenem Verfallsdatum betroffen, aber Roy hatte Hunger, und auch die Frau löffelte hastig über ihrem Teller. Das Schweigen der Frau tut Roy gut, ständig penetriert sie ihn mit ihrem Leid, als ob es das einzige jemals auf der Weltoberfläche stattgefundene Leid sei. Roy nickt das Leid der Frau ab, aber eigentlich will er nicht davon hören, wie schlecht es ihr geht und dass die Welt ein Planet ist, der nur böses plant und Leute wie Hermann einfach durch Krankheiten oder Tod am Leben gehindert werden. Roy will das nicht hören, hat er doch genug mit seinem Leben zu schleppen, ein Leben, das wie ein Rucksack mit Steinen an ihm klebt, aber zwischen den Felsbrocken, die auf ihm lasten, fühlt Roy immer noch sein Herz schlagen, fühlt die Momente, in denen es aus dem Takt gerät, weil er Solveig nah sein darf, oder weil irgendwo ein schöner Schmetterling irgendetwas komplett unverdächtiges und trotzdem weltumspannedes tut. Seine Sensibilität lässt das Leid der Frau so nah an ihn heran, aber so nah will er es gar nicht haben, und die Frau neigt wohl dazu, sich leer zu quatschen, um ihre eigene Lebensscheiße klein zu reden, frei nach dem Motto, das geteiltes Leid halbiertes Leid sei.

Kurz nachdem sie das letzte Pfützchen Suppe in sich aufgesogen hat, fängt sie wieder an, in dieser leidenden Art zu sprechen. Sie sagt diverse Sätze, für Roy wirken diese zusammenhanglos, aber alle haben einen derartigen Druck, dass er sich ihnen nicht einfach entziehen kann. Sie sagt so Sachen wie: »Ich habe gemerkt, dass die Zeit keine Wunden heilt, sie vergeht nur, und die Wunden müssen extra behandelt werden« oder »Die bei immensem Vermissen einer unerreichbaren Person empfohlene Methode, so lange bitterlich zu weinen, bis sich ein erlösender Tod einstellt, die klappt nicht. Ich habe geweint, bis ich nicht mehr konnte, aber ich bin davon nicht gestorben«, und jede Zeile, die sie sagt, schlägt Roy wutüberströmt entgegen. Ja, sie meint wohl tatsächlich, sie könne ein paar Gramm Gram an Roys felsenharter Elefantenhaut abreiben, nur um selber besser dazustehen mit ihrem erkrankten Gefühlsapparat. Würde

161

Roy sprechen, würde er ihr Sätze sagen, die die alte Frau auf den Beton der Tatsachen zurück begleiten würden, aber Roy spricht nicht, und die Alte spektakelt weiter ihr hundeelendes Leben zutage und wirkt dabei wie eine aus dem Bergbaustollen kriechende Arbeiterfrau, die versucht, sich mit blinzelnden Augen an das Tageslicht zu gewöhnen.

»… und als sie Hermann dann abgeholt haben, kannst du dir vorstellen, was da passiert ist? Denen ist der Sarg hingefallen. Ins Treppenhaus. Und dann haben sie ihn einfach so weggetragen, die Männer. Ich habe ihn geliebt, auch als er so stank, und ich habe es einfach nicht ertragen, als sie ihn abgeholt haben. Wie kann man so etwas überwinden?« Sie schaut ihn mit blutunterlaufenen, verzweifelten und rot geheulten Augen an. Der Blick trifft Roy voll ins Herz, und er denkt: »Dem kann nur entgangen werden, indem man selbst stirbt.« Aber er zuckt nur mit den Schultern, er ist ja nur behindert, die großen theatralischen Gefühle traut dem jungen Mann mit der heraushängenden Zunge ja überhaupt keiner zu. Die alte Frau denkt sich, wie sie Roy so ansieht und ihn mit ihren Geschichten ohrfeigt, was *er* denn schon von der Welt weiß und traut ihm lediglich Kindergefühle wie Geburtstagschönfinden oder Eisdielenwarteschlangengefühle zu. Ja, denkt sich Roy, was weiß denn er schon von der Liebe, außer dass sie das Großartigste, Erstrebens- und Erlebenswerteste ist, was er sich in seinem Kopf zurechtphantasieren kann.

Die Frau tischt dann Buttermilch auf, und beide trinken die weiße Flüssigkeit aus großen Gläsern. Roy sieht die Frau an, die ihn zurückansieht und eine Spur zuviel Mitleid in diesen Blick wirft. Er spürt eine aufkeimende Aggression gegen dieses leidvolle Geschöpf, welches einfach nicht mit seiner Klagerei aufhören kann. Ihm ist, als spräche sie lediglich, um *sich* von etwas frei zu machen, was sie zu belasten scheint. Roy ist nur ein Empfangsgerät, der behinderte Mülleimer für ihre Trauergeschichte. Roy verschwindet fast ganz hinter den Worten der Frau, fühlt sich wie ein menschliches Mängelexemplar, lediglich dafür verwendet, Dinge zu schlucken, die jemand anderes für ungenießbar hält.

Der Abend dauert an, wird eine Nacht, die sich zähflüssig im Raum ausbreitet. Die Frau wird schwächer und müder, klagt aber in einem fort über ihre Existenz, wie schwierig diese mit den Gesetzen des Lebens vereinbar sei und dass sie viel lieber manchmal einfach total tot wäre und die Stille, die sie dann auf dem Weg in den Himmel zu ihrem Hermann genösse, selbst davon hat sie ein Bild parat und beschreibt sie dem Roy in eindrücklichen Worten. »... wenn ich dann tot bin, ist es weiß, alles weiß, Junge, und dann kommt man in so einen Gang, ein Gang aus Wolken ist das, den muss man entlanggehen, vielleicht werden alte Menschen auch gefahren, weiß nicht so genau, auf jeden Fall ist da dieser Wolkengang, und der hat die angenehmste Stille, die man sich vorstellen kann. Es ist wie dieser Bruchteil einer Sekunde, nachdem die Oper geendet hat und bevor der Applaus einsetzt, das ist das Leiseste, was man erleben kann, Junge ...« Roy ist kurz befangen und beeindruckt von der romantischen Vorstellung dieses Weges in den Himmel, dann aber kommt der Gedanke, warum eigentlich *er* das hier alles auszuhalten hat, diese alte Zufallsfrau, die ihn mit ihrer Todessehnsucht nervt und ihn gleichzeitig nicht mal ernst nimmt, obwohl er es doch war, der ihr eine Hand zur Hilfe gereicht hat. Roy bekommt ein Gefühl dafür, wie es ist, ein dummer Soldat zu sein, der ohne Chance zu überleben in einen Krieg geschickt wird.

Roy steht etwas unachtsam auf, macht Bewegungen, die ein Gefühl namens Fluchtreflex steuert und wirft dabei sein halbvolles Glas Buttermilch um. »Pass doch auf, Junge«, krakelt die Alte hemmungslos wütend, und reflexfast instinktartig kommt ein aggressiver Energieschub in Roys Kopf, der einige Schalter im Hirn auf einen Modus stellt, in dem Roy sich nur ganz selten befindet. Er geht zielbewusst zur Besteckschublade. Einige Lampen blinken rot hinter seinen Augen, hinter seiner Stirn glühen Drähte, und irgendeine Suppe kocht über, und Roy bewegt sich wie der Behinderte, der er ist, durch die Küche der Frau. Er nimmt einen Gegenstand aus der Besteckschublade und in seinem Kopf ist das los, was Leute nach Unfällen immer »… und dann ging alles sehr schnell …« nennen. Die Alte wird unruhig, hat immer noch eine Wut im Blick, wegen einem verdammten halbvollen Glas Buttermilch und sieht sich zu ihm um. »Musst du zur Toilette, Junge?«, fragt sie im Sitzen, »oder hast du einen Anfall? So sieht das nämlich aus, wie du hier so durch …«

Weiter kommt die Frau nicht. Ein Küchenmesser, das quer in ihrem Hals steckt und diverse Blutgefäße zerstört, hindert sie kurzzeitig am Sprechen, und sie reißt ihre Augen auf, und Roy tut es ihr gleich, und er ist überrascht von der Menge und der Geschwindigkeit des Blutes, das nun die alte Frau verlässt. Das Blut fließt sturzbachartig aus Ingeborg raus und schwemmt die Küche mit sich voll. Für einen kurzen Moment sieht sie wie ein würdevoller Springbrunnen aus.

Ingeborg will aufstehen, greift an das Messer, gleichzeitig mit der anderen an die Wunde, die es in sie gemacht hat. Aufstehen geht nicht mehr, und Roy steht stumm daneben und sieht, wie aus Ingeborg immer mehr Blut

164

fließt. Den alten Kittel runter, ein bisschen auf den Tisch, sehr viel davon auf den Boden, und es bildet kleine Bäche und Seen und viele rote Flüsse, die Roy faszinieren. Er guckt Ingeborg beim Sterben zu, die das Messer quer in ihrem Hals aus Lehm weiß und guckt, als wäre sie grad in diesem von Wolken gesäumten Gang, den sie vorhin so wortreich und poetisch beschrieben hat. Da ist Verwunderung wegen der Verwundung und eine Ungläubigkeit in ihrem eben noch so selbstherrlichen Blick. Der Blick schleicht sich langsam aus dem alten Lehmgesicht und weicht einem Ausdruck von absoluter Leere. Der Kopf knallt auf den Tisch. Die Frau fällt daraufhin vom Stuhl. Ein unbedeutendes Leben endet.

Roy steht immer noch neben der Frau, deren Blut jetzt langsamer fließt. Er fühlt sich befreit, aber langsam schleichend kommt ein Wort in sein Bewusstsein, kommt fließend in seinen Kreislauf, und plötzlich fühlt er, wie es auf seiner Stirn steht. Mörder. Mörder. Mörder. Roy fasst sich an die Stirn, meint dort dieses Wort zu fühlen, steht auf, geht in der Küche herum, und er meint, das Wort brennt sich langsam durch seine dicke, weiße Stirnhaut in den geschützten Raum seines Gehirns. Er geht in den Flur, lässt die alte Frau alleine ausbluten, macht eine zufällige Tür auf und ist in einem Schlafzimmer. Roy macht das Licht an und steht vor einem großen Ehebett. Es ist ordentlich bezogen, aber man riecht, dass hier schon mal der Tod am Werk war. Roy weiß zwar nicht wie totes Gewebe riecht, das man irgendwo vergisst, weil man es irgendwo hingelegt hat, aber genauso wie es hier riecht, stellt er sich das vor. Es ist so ein Kellergeruch, wo kalte Luft mit warmer kollidiert und eine feine Note Schimmel mit sich trägt. In einer Ecke des Raumes steht ein riesiger Kleiderschrank aus rustikalem Eichenholz, in dessen mittlerer Tür ein Spiegel eingelassen ist.

Roy stellt sich vor diesen Schrank und ist zunächst mal erleichtert. Da steht nichts auf seiner Stirn. Nicht »Mörder« und auch sonst nichts. Kein Wort auf seiner Stirn, und Roy steht vor dem Schrank der Frau und guckt sich in ihrem Spiegel an. An den Händen, im Gesicht und auf der Kleidung hat die Frau etwas Blut auf ihn gespritzt, das kam aus ihr heraus, wahrscheinlich beim Einstechen des Messers in ihren knochigen Hals.

Roy fühlt eine Gelassenheit, eine seltsame Ruhe ist in ihm, als er da so steht, vor dem Spiegel der Frau, die tot in ihrer Küche auf einem Stuhl hängt und vorhin noch mit dem Sterben beschäftigt war, jetzt aber definitiv damit durch sein dürfte. Roys Wahnsinn hat keine Nachlässigkeit zugelassen, er hat der Frau genommen, was sie scheinbar zu viel hatte: ein verdammtes Leben. Er schaut sich in die Augen, und seine Augen schauen zurück, und er denkt an seinen Vater, der jetzt auch tot ist, und seine Mutter, die irgendwie auch schon tot ist, nur hat es ihr noch keiner gesagt.

Roy geht in die Küche, die alte Frau liegt immer noch so neben dem Stuhl, und um ihren Hals hat sich ein roter See gebildet. Ihr unveränderbarer Zustand, ihr schlaffer, blutbesudelter Körper, all das stört Roy nicht, als er mit Bedacht das Buttermilchpaket vom Boden aufhebt und es in den Kühlschrank gibt. Haltbar bis in zwei Tagen steht darauf, und das sind immerhin noch zwei Tage, weiß Roy. Im Kühlschrankinneren ist es relativ einsam für das Buttermilchpaket, es steht da mit einer Halbfettmargarineschale, einer Salami, von der alte Frauen mit scharfen Messern gerne was abschneiden. Roy kennt diese Salamischneide-

166

frauen, seine Mutter gibt sich auch gern dem Ritual des Wurstabschneidens hin. Aber diese Frau hier, wird nie mehr von irgendeiner Salami irgendetwas abschneiden, weil Messer kaputt und Frau tot. Roy fasst kurz die Salami an, die steinhart ist und nahezu ein ähnliches Alter aufzuweisen scheint, wie die tote Frau.

Was soll ich noch hier, fragt sich Roy und sieht, dass er alles, was er für die Frau hätte machen können, auch konsequent erledigt hat. Er geht noch eine Runde durch die Wohnung. In seiner Funktion als romantischer Realist will er einfach noch ein paar Eindrücke sammeln. Dabei sieht er auch zum ersten Mal Hermann, der freundlich aus einem Bilderrahmen im Wohnzimmer grinst. Roy denkt an seinen Vater, der nie so ein freundliches Grinsen hatte, der immer nur ernsten Blickes durch die Welt wankte, und wenn er auf Roy schaute, der Vater, hatte dieser immer den Eindruck, er sei schuld an diesem Bitterblick. Seine Mutter hat eine ähnliche Art, ihn anzusehen. Irgendwann waren diese Schuldblicke aber so überdosiert, dass Roy sie nicht mehr ernst nehmen konnte. Warum lebt ihr nicht einfach ein anderes Leben, hätte Roy sie gern gefragt, seine Eltern, ein Leben mit Freiheit und Frohsinn. Auf ihn hätten sie keine Rücksicht nehmen müssen. Aber da sie sich so massiv auf ihn bezogen und all die Jahre meinten, sie wären die Eltern eines unendlich erkrankten Kleinkindes, konnten sie keinen eigenen Entwurf vom Leben entwickeln. Roy hätte sie nicht daran gehindert, ja sogar animiert hätte er sie gerne dazu, aber sie hätten schon selbst auf die Idee kommen müssen. Stattdessen sind sie langsam und schleichend verbittert und in ihrer Funktion als ewig besorgte Eltern an sich selbst und ihrem eigenen Hass zugrunde gegangen. Sie haben vergessen, sich um sich selbst zu kümmern.

Die Angst, die seine Mutter jetzt vielleicht um ihn hat, die gönnt er ihr. Vielleicht kratzt sie ein Muster in ihren Herzklumpen aus Stein, vielleicht bringt die Angst sie einfach nur um. Ja, er wünscht sich von seiner Mutter echte Angst um seinen Verbleib. Aber er will da wieder hin, auf Dauer. Auch so ein Mutterleben, weiß Roy, ist nicht von Endlosdauer, und irgendwann wird sie auch einfach Umfallen vor lauter Angst oder Widersprüchlichkeit oder sonst irgendwas Ekelhaftem, was in sie kriechen wird. Krebs vielleicht, ja Krebs könnte sie auch kriegen. Oder ein Stein könnte sie treffen am Kopf, der sie behindert macht, und dann soll sie mal sehen, wie sie mit all den Schrauben, Tüten und Eimern fertig wird.

Roy verlässt die Wohnung der alten, toten Frau und steht im dunklen Flur. Die Tür hat er leise verschlossen, was dahinter ist, hat er bereits vergessen. Er schaut nach oben, wo ein zerzauster, stinkender Hund vor einer Wohnungstür liegt und offenbar gekotzt hat. Zumindest riecht es so. Roy mag Hunde. Er geht einige Stufen aufwärts, ganz langsam, weil er das Tier nicht erschrecken will. Wahrscheinlich hat der Besitzer ihn ausgesperrt, weil er keine Hundekotze auf seinem Teppich verlangt. Der Hund zuckt komisch, und Roy geht langsam auf ihn zu, bückt sich dann zu ihm runter und als er den Hund anfasst merkt er, dass es ein Mensch ist. Denn er hat nackte Haut angefasst. Es fährt ein Schreck durch ihn, und er steht wieder auf. Der Mensch am Boden macht Geräusche, wie man sie sich kurz vor einem Ableben vorstellt. Kiloschwerer Atem, der unregelmäßig rein und raus geht, röcheln und leises Würgen, das wie eine kaputte Kaffeemaschine klingt, die nach einer Entkalkung schreit. Dann ein dumpfes, bassbetontes Geräusch, das klingt wie das Zusammentreffen von Kopf und Fußboden.

Der Mensch ist zusammengerollt wie ein Igel, nur ohne Stacheln, demnach schutzlos vor allen Begaffern und Befingerern. Genau wie es Roy in seinem Leben immer ist. Er ist ja immer der stachellose Igel, der schutzlos den Naturgewalten ausgelieferte Depp gewesen. Und die Naturgewalten haben Namen wie Mutter, Vater, Werkstatt.

Roy schaut jetzt also auf den zuckenden und röchelnden am Boden liegenden Körper, der aber seinerseits ihn nicht zu bemerken scheint. Er fasst den Menschen noch mal an, diesmal etwas deutlicher, doch außer Röcheln und Zucken gibt es keine Reaktion. Der Mensch hat erbrochen, ziemlich viel und gegen die Tür und auf den Boden und auf sich selbst. Es riecht nach hochprozentigem Alkohol. Außerdem sieht es so aus, als hätte der Mensch versucht, seine Hose auszuziehen und ja, uriniert hat er auch, der zusammengerollte Igelmensch. Plötzlich geht das Licht im Hausflur an, als Roy so nachdenklich beim auf dem Boden gekrümmten Menschen verharrt, und er hört Schritte, die sich durch das Treppenhaus knallen. Es sind schnelle, jugendliche und wenn Roys Wahrnehmung ihn nicht täuscht, männliche Schritte. Kurz bevor das Licht wieder ausgeht, das in einem Intervall von vielleicht dreißig Sekunden geschaltet ist, sieht Roy runter auf das zugekotzte und voll gepinkelte Lebensopfer. Von den dreißig Sekunden Lichteinfall, die ihm zur Verfügung standen, benutzte Roy fünfundzwanzig Sekunden zum Erschrecken und Fassen und fünf Sekunden zum Erkennen von Solveig.

Freudige Erregung durchzuckt ihn, und wäre er ein Hund, er würde jetzt wahrscheinlich sabbern und mit dem Schwanz wedeln, aber da Roy Roy ist sabbert er und wedelt mit dem Schwanz *und* versucht sich aber gleichzeitig an Dinge wie Respekt und Vernunft zu erinnern. Roy

169

bekommt eine Idee von Gott, der ihm hier womöglich ein Geschenk machen will, oder aber mit einer Versuchung konfrontieren möchte. Da liegt tatsächlich das herzrhythmusbeschleunigende Mädchen, einfach so, halbnackt, vollgepinkelt und angebrochen (in mehrfachem Sinne) vor, ja, vor wahrscheinlich *ihrer eigenen* Wohnungstür.

Oh Ich, denkt Gott und schaut lieber weg ... nimmt sich ein Buch von Elke Heidenreich, ein Glas Zitronenlimonade und ein Stück Marmorkuchen und tut lesend ...

Roy beugt sich zu Solveig herunter, kann sie nur schemenhaft sehen, aber er erkundet sie durch seine Hände. Die Haare sind feucht und auch mit erbrochenen Bruchstücken voll, ihr Gesicht schwitzt, und ganz flacher Atem kommt aus ihrem Mund. Roy berührt mit den Fingerspitzen Solveigs Lippen, die dagegen haucht, und Roy freut sich über so viel Zugewandtheit ihrerseits. Er wandert mit seinen dicken Fingern ihren schlanken Hals hinab. Kommt zum Schlüsselbein, dessen Form er mit dem Zeigefinger nachzeichnet. Sie liegt da wie ein neugeborenes Fohlen, schutzbedürftig und voll von Säften.

Roy dreht die Solveig quer, zieht ihre Arme nach hinten und ihr T-Shirt aus. Sie merkt nichts davon, murmelt irgendwas, plappert Alkoholdelirisches, eine Sprache, die Roy nicht versteht. Roy selbst sagt nichts, wie immer, denn was gäbe es jetzt Falscheres als irgendein Wort. Er fühlt ihre Brüste, die sich in seinen Händen wie fester Wackelpudding verhalten. Darunter fühlt er ihr Herz schlagen, ganz sanft pocht es im leicht versetzten Rhythmus zu ihren Atemzügen.

Roy fühlt sich wie in einem Traum, fühlt sich schlecht vorbereitet, aber wer ist schon auf Träume vorbereitet? Ihr Bauch, so weich, der Verlust jeder Beherrschung, die noch in ihm war, aber diese Nacht, so ist sich Roy sicher, ist genau dafür gemacht, das, was hier passiert, auch herzugeben. Er entledigt Solveig ihrer Schuhe und ihrer halbausgezogenen Hose und fühlt sich mit viel zu wenigen Händen ausgestattet, um das alles wahrzunehmen, was hier im Halbdunkeln vor ihm liegt. Ihr Schritt ist unglaublich nass, aber sie hat ja auch gepinkelt. Mit größtmöglicher Vorsicht bohrt Roy einen Finger in ihr Loch, Millimeter für Millimeter geht es voran, und Solveig reagiert mit heiserem Röcheln. Er zieht sich die Hose aus, sein Penis hat einen Verhärtungsgrad der Sonderklasse erreicht, und es ist ein leichtes, ihn in Solveigs Muschi gleiten zu lassen. Ihre Muschi fühlt sich an wie eine offene Fleischwunde, nass und heiß. Roy durchdringt die Feuchtigkeit. Der Weg führt durch Pisse und Vaginalschlamm, aber immerhin geht es um die Frau, die er liebt, denkt er. Roy bekommt eine Ahnung davon, wie es ist, wenn einem Wunder passieren. Er bewegt sich ein wenig, Solveig überhaupt nicht, und dann addiert er eine weitere Flüssigkeit in ihren charmanten und voll gepissten Schambereich. Er fühlt seinen Herzschlag überall im Körper, und Roy bekommt Angst, dass das ganze Haus davon in Vibration gerät und gleich Nachbarn aus den Türen stürmen und Solveig und ihn hier entdecken. Aus dieser Angst verlässt er schnell ihren verwahrlosten Körper und zieht sich die Hose wieder hoch. Sein Herz springt immer noch bis an die Kopfkante, ist kaum zu beruhigen, das irre gewordene Organ in ihm. Aber eigentlich ist alles still, Solveig röchelt immer noch leise, und Roy könnte weinen vor Glück.

Tut er aber nicht, denn die Vernunft ist zurückgekehrt, kurz war sie um den Block spazieren, jetzt ist sie wieder da und sieht sich kopfschüttelnd das Dilemma an. Die Vernunft will schon wieder gehen, aber Roy hält sie fest.

Roy erledigt noch einige Dinge, die getan werden müssen, um sein Wertesystem wieder ins Gleichgewicht zu drücken. Er weiß, dass er sich etwas genommen hat, und wenn man etwas genommen hat, kann man auch etwas zurückgeben ... Also macht er sich an die Dinge, die getan werden müssen.

Vergewaltigung und Mord, Alter, denkt Gott, die Zeit ist überreif zum Durchdrehen. Für alle. Was geschah, weiß Gott, und er sieht auch, dass alles irgendwie richtig ist, alles in den Topf passt, der Moral heißt. Dieser Roy-Typ, den findet Gott interessant, dass er ihn gern mit ein paar Aufgaben betrauen würde. Gott guckt auf Roy und muss zweimal hingucken, bis er erkennt, dass er den Menschen nach seinem Ebenbild gemacht hat. Trisomie 21, wie cool eigentlich, denkt Gott und imaginiert, wie es wäre, wenn alle Vertreter seiner Religion so was hätten. Der Papst, alle Bischöfe, Kardinäle, Messdiener, bis hin zum letzten Glockenpendelschwenker. Alle sollen so sein wie Roy.

Was egal ist, kann man auch weglassen

Aufwachen, das sich wie dieses Aufwachen anfühlt, ist wie Zähne ziehen ohne Betäubung. Oder wie Fingernägel mit dem Seitenschneider entfernen. Oder wie heißes Frittierfett trinken. Jeder Gedanke ist einer zuviel und sprengt den Rahmen des Kopfes. Jede Bewegung ein theatralisches Drama. Jede Sekunde, die vergeht, vergeht langsamer als sonst und nur weil dadurch dem eigenen Verstand klar werden soll, dass man sich mit körperschädigenden Maßnahmen wie übermäßigem Alkoholgenuss nicht auf der Straße der Gewinner befindet. Solveig wacht auf und es fühlt sich an wie Sterben, sie fühlt sich wie ein Goldfisch, der über den Aquariumrand gesprungen ist, um auf der anderen Seite der Glasscheibe das Glück zu suchen, um doch nur Enttäuschung vorzufinden.

Ihr fehlen einige Stunden, von denen Solveig nicht weiß, wie sie sie verbracht hat. Sie ist aber froh, in ihrer Wohnung zu sein und nicht auf irgendeinem Sofa mit einem traurigen jungen Mann gelandet zu sein, der mit irgendwelchen

Ansprüchen an sie daher kommt. Solveig versucht, sich verzweifelt an die Stunden vor dem Einschlafen zu erinnern, an irgendwelche peinlichen Dinge. Als Basiserinnerung macht sich eine Stimmung in ihr breit, die eher mit Traurigkeit zu tun hat und einer leichten Grundaggression gegen alles und jeden und an den Versuch, die Erinnerung an Emil zu zersaufen. Da ist noch etwas Blasses in ihrem Kopf, und zwar eine Erinnerung an einen Moment, wo Stehen gar nicht mehr ging und der Kopf komplett off war und Gleichgewicht ein Fremdwort. Sie erinnert sich auch noch an ein Erbrechen, das unter Krämpfen hat stattfinden müssen. Aber ihr Geschmack im Mund ist seltsam frisch und verwundernd daran ist, dass Solveig eigentlich nicht zur Dentalhygiene neigt, wenn sie besoffen die Wohnung betritt.

Woran sie sich nicht erinnern kann, ist, das Glas Wasser, das auf dem Beistelltisch steht, aufgefüllt zu haben. Ebenfalls erinnert sie sich nicht mehr, die Kopfschmerztabletten dazugelegt zu haben. Was auch fehlt, ist die Erinnerung daran, sich nackt ins Bett gelegt zu haben. Wo sind überhaupt ihre Klamotten? Sie blinzelt durch ihr Schlafzimmer, kann aber keine Textilien, die sie gestern trug, finden. Vielleicht hat Jenny ihr ja geholfen, die wird Solveig kurz vor oder hinter der Eingangstür gefunden, sie mit Zahnpasta behandelt und sie ins Bett begleitet haben.

Vollgekotzte Bekleidung ist nicht in Sichtweite, aber sobald Solveig an oralen Auswurf denkt, kommt da eine Übelkeit angefahren, die sofortiges Erbrechen von ihr verlangt. Der Weg zum Klo ist weit, sie schält sich aus der Bettwäsche, und allein diese Bewegungen reichen schon aus, um den

174

Verdauungsmorast aus ihrem Magen zu quetschen. Ihr Kopf fällt von der Bettkante, um dort schwallartig abzukotzen, und siehe da: ein Zehn-Liter-Eimer steht da, den Solveig an sich zieht und seinen Boden mit grünlich schimmernder Flüssigkeit bedeckt. Es fühlt sich an, als käme diese Flüssigkeit direkt aus ihrem Kopf gelaufen und sei verantwortlich für Gedanken aller Art, die nunmehr unmöglich sind. Nachdem nur noch Magensaft kam und der Bauch und der Kopf sich ein wenig beruhigt haben, zieht sie sich zurück ins Bett in Erwartung irgendeiner Verbesserung ihres Zustandes. Sie zieht die vier Aspirintabletten aus der Verpackung und sieht zu, wie sie sich im Wasserglas versprudeln und trinkt dieses Gemisch in einem Zug leer. Das Zimmer ist halb abgedunkelt, ebenfalls etwas, was Solveig nie selbst tun würde, doch das ist jetzt egal, irgendwer hat all diese Dinge getan, und höchstwahrscheinlich war es Jenny, ihre Mitbewohnerin, die diese vortrefflichen Vorkehrungen getroffen hatte. Solveig schläft wieder ein, ein schaler Geschmack von Kotze hält sich in ihrem Mund auf, den Roy dieses Mal nicht wegputzen kann.

Der hat nämlich ihren Schlüssel gesehen, nachdem er in ihr gekommen war und sich schreckhaft aus ihr entfernt hatte, ihren Haustürschlüssel, der unter ihrer Handtasche lag, mit dem sie wohl schon versucht hatte, diese Tür zu öffnen und vor lauter Besoffenheit gescheitert war. Da Roy aber *zwei* Mädchennamen auf dem Klingelschild gesehen hatte, betätigte er die Schelle und versteckte sich hurtig im Treppenhaus. Das ganze machte er dreimal, bis er sich relativ sicher war, dass sich niemand in der Wohnung befindet. Er öffnete die Tür und zog die alkoholdelirische Solveig in die Wohnung. Dann traf er Vorkehrungen, die seines

Wissens einem halbohnmächtigen, besoffenen Mädchen gut tun würden. Er entledigte sie ihrer mit Restkotze und Harnstoffen besudelten Kleidung, ging ins Bad und holte eine Zahnbürste, mit der er Solveigs Zähne von Kotzresten freimachte. Da waren zwei Zahnbürsten, und Roy entschied sich für die rosafarbene, die ihr seiner Empfindung nach besser zu Gebiss stand. Mit einem alten Handtuch, was er im Badezimmer fand, wischte Roy die erbrochene Masse vor der Wohnungstür auf. Es stank, aber Roy hatte eine Mission.

Anschließend suchte er ihr Schlafzimmer, fand zwei davon in dieser Wohnung vor und entschied sich für das, in dem keine radikale Unordnung herrschte und keine Nuttenbekleidung lag, sondern in dem Bücher und CDs geordnet in den Wandregalen ihrer Benutzung harrten. Dahin trug er die Solveig, die übrigens schwerer als erwartet war, und zog ihr einen Schlafanzug an, den er unter dem Kopfkissen gefunden hatte. Im Bad fand er Müllbeutel, in die er Solveigs Bekleidung gab. Aspirin und Eimer fand er ebenfalls im Bad, und dann schulterte er den Kotzebekleidungsbeutel, küsste Solveig sanft auf die Stirn wie ein Arbeiter, der zur Arbeit geht, seine Frau, die zuhause Haushaltsdinge zu tun gedenkt, verabschiedet und verließ gut gelaunt die Wohnung.

Es ist mittlerweile hell geworden, wie spät es genau ist, weiß Roy nicht, aber das war ihm auch egal. Worte, Zeit, der ganze einschränkende Mist, den braucht doch kein Mensch, außer jemand, der gerne eingesperrt ist. Er läuft durch die Stadt, ziellos, den Beutel mit Solveigs voll gekotzter Bekleidung auf der Schulter, und ihm ist danach, ein Lied zu pfeifen. Könnte er pfeifen, er würde es tun.

Die Stadt ist schon hellwach, Roy etwas müde, schließlich ist er schon lange auf den Beinen. Hier war er zuvor noch nie. Unbekannte Häuserzeilen, Menschen, die Verrichtungen verrichten, die alle eine Wichtigkeit beherbergen, die überlebensnotwendig erscheint. Es rast eine Schnelligkeit um ihn herum, eine raketenartige Beschleunigung, aber das kann auch daher kommen, dass er selbst eine Ruhe in sich fühlt, die er so zuvor auch nicht kannte. Durch diese schnelle Stadt zu schleichen fühlt sich an, wie nicht dazugehören und das auch zu wissen, es aber trotzdem gut zu finden. Roys Gefühle sind ein matschiger Haufen. Man sieht, wenn man diesen Haufen genau betrachtet, Teile von Verwirrung, Stücke Glück und Dinge, die aussehen wie Schuld, die aber nicht an ihn herankommen. So lächelt Roy, und der Beutel auf seiner Schulter riecht mehr nach Solveig als nach Kotze, findet er. Die Sonne blendet ihn leicht von der Seite, und er ist zu müde, daran zu denken, jetzt seine Sonnenbrille aus der Jackentasche zu fummeln, die alte Sonne scheint ihm somit direkt ins Gehirn. Urbane Alltagsszene.

Roy läuft eine ganze Weile debil grinsend durch die Straßen, bis plötzlich eine schneidende Männerstimme seinen Namen sagt, eine Männerstimme, die ihm fast wie ein Knüppel vorkommt, den man ihm in die Kniekehlen schlägt, denn die Stimme klang fast wie die seines Vaters. Als sich Roy aber zu der Stimme umdreht, steht da ein uniformierter Polizist und lächelt. Roy umklammert aus Angst den Kotzebekleidungsbeutel etwas fester, und der Polizist sagt noch einmal: »Roy?« Und Roy nickt, ganz langsam sackt ihm sein Kopf runter und wieder hoch, und er weiß, dass es jetzt Zeit ist, nach Hause zu gehen.

Mitfahren im Polizeiwagen ist plötzlich so was wie ein Abenteuer. Roy findet das cool, hier so halbwach drin zu sitzen, und er findet auch die Polizisten cool, und würde einer jetzt nachfragen, ob er mal den Knopf drücken wolle, um die Sirene und das Blaulicht anzumachen, Roy hätte diesen Knopf sofort betätigt. Aber leider fragt keiner nach. Es herrscht eine freundliche Stimmung innerhalb des Polizeiwagens, es fallen zwar auch ermahnende Worte, dass man nicht weglaufen und seine Mutter nicht alleine lassen dürfe, aber im allgemeinen ist die Staatsgewalt sehr milde gestimmt und rühmt sich damit, einen Behinderten eingefangen zu haben. So stabilisieren sie das System, denken die uniformierten Männer, wir bringen abhanden gekommene Jungs zu ihren Müttern zurück, wir machen Familien ganz und die Welt heile und zaubern Lächeln hier und da, tatütata. Die Reizgas- und Wasserwerferattacken treffen doch auch nur die, die das verdient haben.

Man hält vor dem Haus von Roys Familie. Kurz vor dem Aussteigen aus dem Polizeiauto wird ihm noch klar, dass sein Vater nicht mehr da sein wird. Er denkt kurz über diesen Umstand nach, der immer egaler, schließlich dann bis zur Unerheblichkeit egal wird. Sein Vater war ein guter, stiller Mann, aber eben nur gut und still und nicht mehr. Sein Herz hatte er schon zu Lebzeiten einbetoniert, und das war dem Roy immer klarer geworden.

Zuhause gibt es zunächst einmal viel Geheule und Geschrei seitens der Mutter, die der Ansicht war, an einem Tag nicht nur ihren Mann, sondern auch ihren Sohn verloren zu haben. Sie hat teuflisch rotgeheulte Augen und ein zerknittertes Gesicht, das wie ein achtlos weggeworfenes Handtuch wirkt, mit dem sich niemand, der auf amtliche Hygiene steht, mehr abtrocknen mag. Roy blickt in das Gesicht seiner Mutter, während die Polizisten den Sachverhalt erklären und so tun, als wären sie Roys beste Freunde. »Jaha«, sagt der eine der beiden Bullen, »auf der Fahrt hierher haben wir uns gut verstanden, und der Ron hat auch gesagt, dass er nie mehr weglaufen mag, stimmt's, Ron?« Roy nickt geistesabwesend und schaut immer noch seine Mutter an, die nicht mal seinen falschen Namen korrigiert, sondern nur lächelt und ebenfalls nickt und den Polizisten seine Lügenscheiße erzählen lässt. Alle sind hier in Zustimmungstimmung, es wird genickt, Lügen werden erzählt, und durch jede Pore der Anwesenden stolpern Widersprüche. Der Widerspruch aus Wissen und Verhalten, der Widerspruch aus Gefühl und Handeln, der Widerspruch aus Hass und Passivität. »Schade, dass er nicht spricht«, sagt der andere Polizist dann, »sonst könnte er uns erzählen, wo er gewesen ist.« Das sollte wohl besser ein Geheimnis bleiben, denkt Roy.

Als die Polizisten dann verschwunden sind, sitzt Roy dann still in einer Ecke, die Mutter in einer anderen, und so tropfen widerlich stumme Stunden zäh durch die Atmosphäre. Das Schweigen, darauf kann man sich verlassen, denkt Roy. »Jetzt hab ich nur noch dich«, sagte die Mutter, kurz bevor sie ihren Sohn zu Bett schickte, und es klang wie eine Drohung, die jemand absolut Verzweifeltes absonderte.

In der anderen Wohnung ist es auch leise. Solveig erwacht zerknittert und dehydriert in ihrem Bett. Solveig, so gut. Die Übelkeit ist einer matten Dumpfheit gewichen, ein Gefühl wie unter Wasser, hinter Watte. Kopf in den Wolken und der Restkörper trotzdem einbetoniert. Diesem Zustand kann man ein wenig Romantik abgewinnen, denkt Solveig und gewinnt diesem Zustand ein wenig Romantik ab. Das Daliegen, das Halbwachsein, das erstmal nichts tun müssen und das gleichzeitige Wissen, auch gar nichts tun zu können, das kommt ihr gerade beim Liegen sehr gelegen.

Solveig hat nicht mehr kotzen müssen, ihr Körper hat sich leicht erholt während einer fünfstündigen Schlafphase. Die Flauheit im Magen ist immer noch da, rührt aber eher vom Bedürfnis nach Nahrung als von beständig bestehender Übelkeit. Solveig geht ins Bad und wäscht ihr Gesicht. Nirgendwo findet sie Spuren ihrer Bekleidung, die sie gestern trug, und es ist ihr immer noch ein Geheimnis, wie sie in diese Wohnung gekommen ist. Vielleicht wird Jenny ihr Auskunft geben, und sie klopft an ihre Zimmertür, und als niemand antwortet, geht sie hinein, und es ist niemand zugegen. Keine Jenny, nirgends.

Sie geht dann in die Küche, wo sie auf dem Küchentisch einen Zettel findet, auf dem zu lesen ist: »Bin paar Tage unterwegs, bin nächste Woche Dienstag wieder da. Kuss, Jenny.« Jetzt zerfällt die Jenny-Idee auch noch in ihre Einzelteile. Dann hat sie Solveig wohl auch nicht zu Bett geholfen, nur wer, verdammt, war es dann? Solveig macht sich eine Suppe und einen Kamillentee, um ihren Magen nicht sofort aufs Äußerste zu reizen, obwohl ihr nach Pizza, Pommes und gebratenen und scharf gewürzten Tierteilen ist. Und zwar alles auf einmal, aber eine Suppe ist schneller gemacht als derlei aufwendiges Fettessen, und so dümpelt sie mit Fertigsuppe

und Teetasse gen Wohnzimmercouch. Es sieht alles aufgeräumter aus, aufgeräumter als sonst, denkt Solveig, trinkt
Tee und löffelt Suppe und fühlt sich selbst ebenso eine Spur
gereinigter.

Behäbig schaltet sie den Fernseher ein, auf dessen Bild-
schirm sich Schlagersänger mit Polyesterjacken umtanzen.
Diese Dummheit beruhigt. Überflüssiges Wohlstandsge-
seier wabert durch den Raum, der Schlagersänger röchelt
Romantisches dazu, die Welt ist eine Schmuckdose. Der
Tag vergammelt ihr unter der Schädeldecke, aber sich von
Minute zu Minute etwas besser als zuvor zu fühlen, hat ja
auch was.

Das Leben ist das Leben ist das Leben, denkt Gott und
dann noch: Was hab ich damit zu tun? Viele Leute, auch
Ungläubige, schreien, wenn ihnen irgendein Scheiß widerfährt: Oh Gott, und Gott denkt dann immer: Alter, was hab
ich damit zu tun, wenn ihr ein Kind überfahrt, einen Teller beim Geschirrspülen fallen lasst oder der griechische
Ziegenkäse im Kühlschrank wegen Abgelaufenheit stinkt.
Nehmt eure Kackleben und schmeißt den Käse raus, fegt
die Scherben weg und stellt euch eurer Schuld und räumt
auf in euren Herzen und Köpfen. So kann sogar aus dem
Menschenmatsch, der hier herumkraucht, noch irgendwas
Sinnvolles werden. Fangt an, sauber zu machen. Trennt
euch von dem, was zuviel ist, holt euch das, was ihr zu
wenig habt, und steht auf und kämpft endlich mal für das,
was ihr haben wollt.

Meine Spuren verfolgen mich

Hat der Junge das doch tatsächlich getan, denkt Ingeborg. Als Roy die Wohnung verlässt, ist sie noch nicht ganz tot, weiß es aber, dass es passieren wird, spürt das unmittelbar bevorstehende Ende und findet es äußerst unglamourös, dass jetzt keine Fanfaren zum Abgesang auf ihr Leben tröten. Nicht mal Trompeten. Nicht mal eine verdammte Blockflöte. Nichts. Sie atmet kaum noch, ihre Augen sind aber geöffnet. Ihr Blut verlässt sie nicht mehr so zügig wie kurz nach dem Eintreffen des Messers in ihren Körper. Ingeborg starrt in ihr Gefängnis, in dem sie solange gelebt hat. Der kleine, gut bürgerliche Knast, dem sie nie entkommen konnte und es auch nicht wollte. Was gibt es denn draußen schon zu erleben? Das Portemonnaie kann geklaut werden. Es besteht die Möglichkeit, überfahren zu werden. Man kann undankbare geistig Behinderte treffen, die einen heim begleiten und einem dann ein Küchenmesser in den Hals rammen. Da macht doch so ein Knast schon Sinn.

Ihre Wohnung sieht vom Fußboden betrachtet aus wie sie sich den Blickwinkel ihrer ersten Puppe in ihrem Puppenhaus immer vorstellte. Ihre Puppe damals war ein weißer Kieselstein, auf den ihre Mutter ein Gesicht gemalt hatte, und einen Stofffetzen hatte sie auch drum gewickelt. Ingeborg liebte diesen Stein und nannte ihn Johanna. Johanna, der Stein, war fortan ihr Baby gewesen, und so wie sie jetzt auf dem Küchenboden liegend ihre Wohnung sah, so stellte sich Ingeborg die Sichtweise von Johanna vor. Alles ist riesig groß, die Einbauküche, für die Hermann und sie einen Kredit aufgenommen haben, ist endlich mal so groß, dass sie den finanziellen Aufwand von damals zu rechtfertigen scheint.

Die Bodenfliesen sind kalt, Ingeborg wird auch immer kälter. Sterben ist also ein hochgradig unglamouröser Akt, fällt ihr noch ein, vollkommen spektakelfrei, der ganze Akt. Warum also machen die Leute einen derart gewaltigen Aufstand, wenn also jemand geht? Warum war sie so traurig bei Hermanns Ableben, und warum konnte sie sich auch in der kurzen Zeit, die sie zwischen seinem Tod und ihrem hatte, nicht von ihm loslösen? Er war und ist ihr Mann, obwohl er nur noch ein Haufen Gerümpel ist, Gerümpel, das sie auf dem Westfriedhof verbuddelt haben.

Weggleiten. Da. Ist. Nichts. Nichts ist da. Wofür ist man denn jetzt jeden scheiß Sonntag in die Kirche gerannt? Für dieses endlos schleichende Nichts? Da muss doch irgendwas sein, wo alle immer hinbeten, muss, muss, muss. Es wird immer kälter. Bis es so kalt wird, dass kein Leben mehr irgendeine Möglichkeit hat.

Gott macht wieder einen Haken auf seiner Liste. Sein Alltag kotzt ihn an, aber einer muss den Job ja machen. Planlos läuft er herum, der Gott, und denkt sich was. Denkt sich, dass das mit der Jesusnummer schon echt lange her ist und dass er so was noch mal gerne machen würde. Das hat damals auch schon einen großen Aufschrei gegeben. Anschließend hat er sich aber über zweitausend Jahre nicht getraut, die Nummer zu wiederholen, um halt einfach die Gläubigen nicht zu verunsichern, aber jetzt mal ernsthaft, denkt er, was gehen mich diese schmutzigen Gläubigen an, diese Doppelmoralisten, die den Planeten leer fressen und sich, an ihn gewendet, eine gerechte Welt herbeten wollen. Man sollte die Leute wieder mit was konfrontieren, was sie völlig aus dem Konzept bringt, etwas, was in nichts Bestehendes hineinpasst, ein offensichtliches Wunder oder dergleichen.

Heiliger Geist und so, das waren noch Zeiten, sinniert er. Rein marketingtechnisch läuft der Laden nämlich überhaupt nicht mehr rund. Er denkt über die so genannte »unbefleckte Empfängnis« nach und was für Wellen das heutzutage schlagen würde. Rein medial. Er wäre wieder ganz weit oben. Spiritueller Topseller. Gott schaut kurz eine Liste durch, und plötzlich weiß er, dass der neue Messias ein kleiner Junge mit Trisomie 21 sein wird. Er ist in dieser Nacht gezeugt worden, der Heilige Geist muss also nicht mehr zur Fernbefruchtung abkommandiert werden. Das neue Ding, Jesus 2.0, der behinderte Jesus. Gott ist gespannt, wer es dieses Mal wagt, seinen Sohn ans Kreuz zu brettern ...

Zustimmungsstimmung

Das Glück, so weiß Roy, ist wie ein gigantischer rosafarbener Elefant. Groß, leuchtend, stark und vor allem höchst selten. Manchmal reagiert es auch, wenn man es provoziert. Wenn man dem Elefanten ein paar Nüsse vor den Rüssel hält, so rein aus Provokationsgründen, kann es passieren, dass sich das Glück an einen erinnert. Elefanten haben ein Langzeitgedächtnis von sehr großer Tragweite, das Glück ist reiner Zufall. Vor allem aber ist es nicht haltbar. Glück ist kein Konservenprodukt, sondern ein beschissener Luxusartikel. Aber Roy will nicht damit aufhören, den Luxus in sein Leben zu zwingen, dem Leben diese kleinen Momente abzukaufen, die zu hohen Preisen gehandelt werden, aber immerhin stellt sich danach Glück ein. Und darauf kommt es schließlich an, denkt Roy, die kleinen Momente des Glücks dem großen Scheiß, der sich Leben nennt, gegenüberzustellen und zu hoffen, dass die Rechnung irgendwie aufgeht. Auf der richtigen Seite sein, nämlich da, wo auch der Elefant kackt.

Beim zufälligen Entlanggehen auf einem Supermarktparkplatz können einem schon mal Mysterien begegnen.

Mysterien, die einem das eigene Herz zu einer pudding-artigen, unkontrollierbaren Masse werden lassen, die in einem Dinge anstellt, deren Auswirkungen man nicht einschätzen kann. Und mit Mysterien kennt Roy sich aus. Dieses blöde, verfressene, fette, schwabbelige Pudding-herz, das immer Hunger hat und kaum was zu Essen übrig lässt, wenn man es mal zu Tisch bittet und seinen Fresstrieb zulässt. Das Herz ist nicht satt, ist es wahr-scheinlich nie. Roy hat keine Ahnung, wie viel Gefühl es braucht, um sein fresssüchtiges Herz zu sättigen.

Er kniet zwischen zwei Autos, als er sie auf dem Park-platz direkt gegenüber sieht, wie sie mit einer engelsglei-chen Eleganz aus ihrem Fahrzeug schwebt und sofort eine vanillige Duftwolke in die Atmosphäre gießt, die nur von guten, gesunden und intakten Menschen ausgesendet wer-den kann. Roy ist so eine Art Trüffelschwein der Liebe. In ihm ist irgendein Trieb zugange, der von ihm verlangt, Zuneigung zu suchen, sein Glück herauszufordern und da-mit sein fettes, pumpendes Herz zu ernähren. Das Herz ist ständig auf der Suche, meistens ganz unten am Boden.

Die Frau glänzt. Es sieht aus wie ein Werbespot für Sham-poo. Die Frau bringt mit ihren zierlichen Händen ihre Frisur in Form, und dazu könnte jetzt ein lässiger Beat pumpen, der jeden ihrer folgenden Schritte vertont. Kein erkennba-rer Makel, die Haut von einer Farbe und Straffheit, die kein Designer der Welt hätte erfinden können. Sie lächelt wäh-rend sie schwebt, ja lächeln und schweben, dass scheint sie zu können. Fast wirkt es, als berührten ihre Turnschuhe nicht den Boden. Nur ein sanftes Geräusch, das sie mit dem Gewicht ihrer überaus wohlkoordinierten Figur auf den Asphalt steppt, beweist, dass es sich hier nicht um einen Engel, sondern um eine Frau handelt.

Weiße Turnschuhe, blonde Haare, unglaublich, eine unglaubliche Frau bohrt sich wie Sonnenstrahlen durch geschlossene Augen in Roys Herz, das kurz aufhört zu schlagen, um dann umso schneller seine Schlagfrequenz fortzusetzen. Dieses Phänomen des überschnell schlagenden Herzens ist ihm ja bereits bekannt, der kleine Kontrollverlust zwischendurch, der ein Leben erst richtig gut macht. Und der wird ja nur in dieser Deutlichkeit wahrgenommen, weil das Leben mit dieser Grundtristesse unterwegs ist.

Die blonde Vanillefrau hat gerade auf dem Parkplatz eingeparkt und geht jetzt langsam auf den Supermarkt zu, und Roy will nur, dass sie ihn sieht. Ihr Gang ist stolz, sie ist ein ganz besonderer Mensch, das merkt Roy sofort. So, wie sie geht, so gehen nur Menschen, die überaus gut funktionieren, die fehlerfreie Abläufe im Bewusstsein haben, deren Leben auf einem hohen Level läuft. So wirkt auch ihre ganze Erscheinung perfekt, die perfekte Frau. Bestimmt ist sie Physikerin, Autorin für Sachbücher über den Zusammenhalt aller Dinge. Sie ist wie das Universum, kaum fassbar, trotzdem vorhanden und irgendwie mächtiger als alles Sonstige.

Ihre Wahrnehmung soll sich auf ihn konzentrieren. Roy geht zu ihrem Auto, und es ist ein teures Auto, das aussieht, als wäre es mehr wert, als Roy in seinem ganzen Leben in der Behindertenwerksatt verdienen könnte, und legt sich davor. Gerade so, als hätte sie ihn angefahren. Ja, von ihr würde er sich überfahren lassen, er würde es aushalten, die Liebe würde ihn unverwundbar, gar unsterblich machen.

Stumm liegt er auf dem Rücken und wartet auf ihre Rückkehr. Um das Auto herum riecht es nach einer obszönen Mischung aus Benzin und Vanilleblumen, die das Mädchen mit dem teuren Auto wohl als Parfüm an ihrem Körper trägt. Da liegt Roy also wieder und grinst, und er holt seine Sonnenbrille aus der Jackettasche und setzt sie auf. Es ist ein schöner Sonnentag. Roy ist glücklich …

Ach ja, eins noch: Ich hasse euch alle.

Gott

DIRK BERNEMANN
ASOZIALES WOHNEN

Wie wohnt man eigentlich richtig? Warum sind manche Tage depressive Kinder, die heute nicht mehr zum Spielen rauskommen? Was verbirgt sich hinter den Türen, hinter denen Menschen leben, die nie die Tür öffnen? Haben Autoren jeden Tag Sex? Warum nicht?

Asoziales Wohnen beschäftigt sich mit dem Zusammenleben von Menschen, die Nutznießer und Opfer von räumlicher und zeitlicher Enge werden. Und je enger und später es wird, desto mehr wird der Mensch zur Marionette der Verhältnisse.

„Hinter jeder Tür eine eigene Vorstellung von Leben. Mitten in deutscher Mittelmäßigkeit, denn die Gegend hier ist eher so mittelgut, nicht wirklich asozial, aber auch nicht einbruchswürdig. Parkbuchten, Fahrradständer, Kinderspielplätze. Alles da. Aber eben auch nicht mehr. Wer mehr will, wohnt woanders."

Dirk Bernemann, Asoziales Wohnen
Hardcover | | 14,95 €
ISBN: 978-3-942920-14-8 | Veröffentlichungsdatum: 05.10.2012

UN👁SICHTBAR VERLAG

Matias Faldbakken

978-3-453-67520-9

978-3-453-40052-8

978-3-453-67569-8

»Die provokanteste
Romansatire des Herbstes.«
Neue Zürcher Sonntagszeitung
über *Macht und Rebel*

»Die große norwegische
Menschenverachtungsbibel.«
*Frankfurter Allgemeine
Zeitung* über *The Cocka
Hola Company*

Leseproben unter: **www.heyne-hardcore.de**   HEYNE ‹

Besuchen Sie den HEYNE Verlag im Social Web

Facebook
www.heyne.de/facebook

Twitter
www.heyne.de/twitter

Google+
www.heyne.de/google+

YouTube
www.heyne.de/youtube

www.heyne.de

HEYNE ‹